L'ART DE PRÉPARER ET D'IMPRIMER LES ÉTOFFES EN LAINES.

PAR M. ROLAND DE LA PLATIERE.

L'ART
DE PRÉPARER
ET
D'IMPRIMER
LES ÉTOFFES EN LAINES,
SUIVI
DE L'ART
DE FABRIQUER LES PANNES OU PELUCHES,
LES VELOURS FAÇON D'UTRECHT, ET LES MOQUETTES,

Étoffes les plus susceptibles de l'Impression & du Gauffrage.

PAR M. ROLAND DE LA PLATIERE,

Inspecteur Général des Manufactures de Picardie; Associé des Académies Royales des Sciences, Belles-Lettres & Arts de Rouen, Villefranche, &c. & Correspondant de la Société Royale des Sciences de Montpellier.

Forma sibi quævis respondeat.
MARSY, *Pict.*

A PARIS,

Aux dépens, &

De l'Imprimerie de MOUTARD, Imprimeur-Libraire de la REINE, de MADAME, de Madame la Comtesse d'ARTOIS, & de l'Académie Royale des Sciences, Hôtel de Cluny, rue des Mathurins.

M. DCC. LXXX.

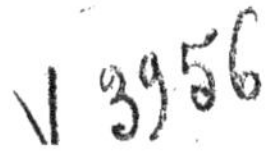

L'ART

DE PRÉPARER

ET

D'IMPRIMER

LES ÉTOFFES EN LAINES.

CET Art, cultivé en France depuis un certain nombre d'années, s'eſt étendu & perfectionné dans ces derniers temps. Il annonce de plus grands ſuccès encore par la variété des deſſeins, la ſolidité des couleurs, l'éclat des nuances, & par les diverſes ſortes d'étoffes ſur leſquelles réuſſiſſent chaque jour de nouvelles tentatives.

On n'a rien écrit encore ſur cet Art : j'ai penſé que c'étoit hâter ſes progrès d'en ſuivre la pratique dans le détail des connoiſſances acquiſes, & de rendre publics les procédés qui en font la baſe.

Rouen & ſes environs virent naître en France ce genre d'induſtrie (1). On ne l'appliquoit alors que ſur les ſerges d'Aumale : elle donna à cette étoffe, commune & de bas prix, une vogue qui en augmenta conſidérablement la fabrication. Son débouché s'étendit dans l'Etranger, & l'on put la conſidérer alors comme une nouvelle branche de commerce ; mais elle étoit fondée ſur la nouveauté & le goût : l'induſtrie & les mœurs changerent bientôt l'une & l'autre.

Amiens ſaiſit la circonſtance (2) : ſes fabriques lui fourniſſoient un genre d'étoffe que ſa durée & ſon éclat rendoient infiniment plus propres à l'impreſſion, que ne le fut jamais la ſerge d'Aumale.

Les relations journalieres & intimes de commerce de cette ville avec l'Eſpagne & l'Italie, mirent les Négocians dans le cas de faire paſſer des échantillons à leurs Commettans : ceux-ci les montrerent au Nouveau Monde. Sans ceſſer d'imprimer des ſerges, on ſoumit à cette opération des pannes ou peluches en poil de chevre ; matiere brillante par elle-même, & qui réfléchit les couleurs avec beaucoup plus de vivacité ; l'étoffe étoit propre à ſe vêtir, plus meublante, d'un beaucoup meilleur uſage que la ſerge : les demandes furent conſidérables ; elles prirent un cours réglé : on en ſoutint le goût, par la variété des deſſins.

Tout change ; & après les périodes plus ou moins longs, déterminés par les circonſtances, ou marqués par la nature, tout ſe détruit ; & les goûts, comme la matiere, ſe modifient ſans ceſſe. On imprime moins de peluches en ce moment, mais on imprime des petits draps, des camelots, des tamiſes, & d'autres petites étoffes.

---

(1) MM. Le Marcis apporterent d'Angleterre les premiers outils & uſtenſiles, la compoſition de quelques couleurs, le ſecret enfin d'imprimer les étoffes de Laine, & formerent leur établiſſement à Bolbec, il y a environ trente ans. D'autres Entrepreneurs, en petit nombre, les imiterent quelques années après.

(2) M. Bonvalet fut le premier qui imprima des étoffes de Laine à Amiens : il y fut le ſeul, pendant quelque temps, qui exerça cet Art. M. Fleſſelle eſt celui qui en a le plus étendu la pratique. Cet Artiſte, plein de hardieſſe, d'un zele très-actif, & d'une conſtance ſans bornes dans les entrepriſes, eſt le ſeul peut-être qui mette autant & plus d'ardeur à répandre les connoiſſances utiles, & à voir fleurir les Arts mêmes qu'il cultive, qu'à recueillir les juſtes fruits de ſes infatigables travaux. C'eſt lui qui a rectifié & fixé mes idées ſur les procédés de cet Art, & il en a confirmé l'inſtruction, par tous les détails de pratique qu'il m'a mis à portée d'obſerver.

Préparation des Etoffes avant l'impression.

On suppose les serges d'Aumale & celles de Blicourt dégraissées & foulées, comme il se pratique dans les campagnes, telles enfin qu'elles sont mises en vente dans les halles ; & les pannes ou peluches débouillies, suivant l'usage, par les Foulonniers de la ville.

La premiere préparation des étoffes est le débouilli à l'alun : ce sel fossile & minéral, soit qu'il ouvre les pores de la matiere par sa forme en aiguilles fines & acérées, & qu'il facilite par-là l'introduction des parties colorantes qu'on veut fixer sur les étoffes, soit que chassé de ces mêmes pores où il s'étoit logé par une nouvelle cristallisation peut-être, & remis en fusion dans un nouveau bouillon, par sa qualité astringente, il resserre ces mêmes pores lorsque la couleur s'y est introduite ; ce sel est l'agent universel des fausses teintures, dis-je, dont il développe en outre toutes les couleurs.

Débouilli à l'alun.

Dans une chaudiere, telle qu'en y mettant cinquante seaux d'eau, ou six cents pintes de Paris, il reste un vuide de cinq à six pouces de ses bords, on peut faire débouillir à la fois cinq pieces de serges d'Aumale, de soixante à soixante-dix aunes chacune, ou autant de pieces en pannes de quarante à quarante-cinq aunes. La plus grande quantité de matiere de celle-ci compense le plus long aunage des précédentes. Lorsque l'eau est tiede, on y jette quatre livres d'alun de Roche, & demi-livre de tartre blanc par piece d'étoffe. L'alun de Rome est préférable aux autres, à raison de sa qualité; mais on ne l'emploie pas ici à cause de son prix. Il faut avoir l'attention de le casser par petits morceaux, pour en faciliter la dissolution, & ne pas attendre à le mettre dans la chaudiere, que l'eau en soit bouillante : il se formeroit une écume sur le bain, & sa dilatation subite le souleveroit au point de vuider presque la chaudiere. A l'égard du tartre, il doit être pulvérisé & passé au tamis.

A mesure que le tartre & l'alun se fondent, les malpropretés qui y adherent s'en détachent & viennent à la surface de l'eau ; il la faut écumer exactement pendant que le bain chauffe. On *faude* les pieces, on les attache à la queue les unes des autres ; & lorsqu'il commence à bouillir, on les y introduit peu à peu, en les enfonçant avec un *lisoir*, & l'on réunit la premiere à la derniere, pour les travailler de suite sur le *tourniquet*. Tournées & retournées ainsi pendant une heure, la chaudiere toujours bouillante, on désaccouple les pieces par deux & par trois, & on les leve ainsi en deux fois sur le tourniquet : on les jette par plis, en les déroulant, sur un jallier ou levier, placé sur un large chevalet, pour les transporter sur le *faudet*, espece de brancard ou table à jour, échelle ou rateau.

Pendant le premier bouillon, on prépare de nouvelles pieces pour un second, qu'on se propose de faire dans le même bain. Comme il a retenu quelques parties des premiers ingrédiens, on y ajoute seulement trois livres d'alun par piece, quinze livres au lieu de vingt livres qu'on a mises au premier, & du tartre à proportion. On écume le second bain, & l'on procede en tout comme au premier. On passe à un troisieme, qui ne differe en rien du second. Pendant ce troisieme bouillon, on faude pli par pli les pieces précédentes, on retourne la *cape* sur chacune, & on les empile ainsi les unes sur les autres, en aussi grande quantité & autant de temps qu'on le juge convenable: elles pourroient y rester quinze jours & plus, même dans les chaleurs de l'été, sans crainte que la fermentation s'y établit; l'alun les en préserve.

Il est nécessaire pour toutes les couleurs, excepté les gris, les verts & les bleus de Saxe de toutes les nuances, que les étoffes reposent sur le bouillon d'alun pendant trois à quatre fois vingt-quatre heures ; & les roses, les cramoisis les écarlates en sont plus vifs, plus éclatans, d'y reposer quatre à cinq jours ; l'étoffe en aspire mieux la couleur, & l'on consomme moins de drogues.

Si l'on veut procéder à un quatrieme bain, alors il faut vuider la chaudiere : l'eau est trop chargée des ordures, de la graisse qui est restée dans les étoffes, des terres de l'alun & du tartre : le bain est gras, il faut le renouveler. Si au lieu d'un nouveau bain d'alun on vouloit teindre en gris, vert ou bleu de Saxe, on pourroit le faire sur l'eau même & dans la chaudiere des bains précédens, en la remplissant & la chauffant au degré convenable ; s'il arrivoit cependant que le bain fût trop chargé, trop gras, on feroit bien d'en jeter une partie, & de la remplacer par de l'eau pure.

Des Matieres colorantes, & maniere de les préparer avant la teinture.

Les matieres d'usage pour teindre les étoffes & colorer les pâtes d'impression, sont en petit nombre. Après la *terra merita* ou *curcuma*, racine qui nous vient des Indes orientales, & la *gaude*, qui est une plante indigene, les bois des Indes occidentales sont les seuls. Je ne parle point de la composition colorée par l'*indigo*, qui ne sert que pour les gris, vert & bleu de Saxe, & dont on donnera le procédé lorsqu'il sera question d'en indiquer l'emploi.

Ces bois se réduisent à ceux d'*Inde*, dont la meilleure qualité est connue sous le nom de Campêche, coupe d'Espagne : il est le plus estimé & le plus cher; de *Bresil* ou *Fernambouc*, & le bois *jaune* : on emploie encore le *Bresillet*, mais seulement pour colorer en rose, en cramoisi & en écarlate faux les étoffes à imprimer, & non les pâtes d'impression, qu'il coloreroit trop foiblement.

Les meilleurs bois sont lourds, sans aubier ; l'air en est frais & la couleur vive. On a beaucoup de moulins dans ces cantons, pour les moudre ou les hacher; mais il convient mieux de les faire raper chez soi ; on évite toutes les fraudes qu'on peut faire dans les moulins, où l'on mêle le bon & le mauvais bois, & où l'on n'ignore pas le moyen d'en faire monter la couleur en y jetant de l'eau de chaux. On met ensuite le bois dans des sacs de toile assez claire pour que l'eau la pénetre, & que les parties colorantes s'en échappent aisément : on n'en garnit chaque sac qu'aux trois quarts, pour la même raison ; on les lie, & on les met ainsi dans la chaudiere, à raison de cent à cent vingt livres de bois en trois sacs, sur cinquante seaux ou six cents pintes d'eau ; on la fait bouillir à gros bouillon pendant trois heures ; on leve les sacs sur une échelle ou rateau qu'on met au dessus de la chaudiere : on retire le feu : on laisse égoutter les sacs & refroidir le bain jusqu'à ce qu'on puisse le transporter ; on le dépose alors dans des tonnes placées dans un bas hors des atteintes de la gelée. Le bain de cette premiere cuite se met à part ; on ne le confond point avec ceux des seconde & troisieme cuites ; c'est la partie constituante du coloris des pâtes d'impression : on pourroit l'employer à teindre & colorer les étoffes avant de les imprimer ; mais le second ou troisieme bain y est ordinairement assez propre.

La premiere cuite faite, on rejette les sacs dans la chaudiere ; on la remplit de nouvelle eau, qu'on fait bouillir autant de temps & une demi-heure en sus qu'au premier bain ; on procede de la même maniere, & ainsi du troisieme, auquel on passe incontinent après le second, ayant toujours l'attention de mettre dans des tonnes à part les bains produits de ces trois différentes cuites.

Cette quantité de bain faite sans une détermination précise du temps de son emploi, ne peut avoir lieu qu'à l'égard du bois de Fernambouc, dont le bain gagne tellement en vieillissant, qu'on fait en sorte de l'avoir toujours au moins de six mois : on pourroit cependant l'employer nouvellement fait ; mais il ne fourniroit point une couleur aussi vive : ce n'est que quand il a fermenté & vieilli, que les parties colorantes du bois sont entiérement développées, & qu'il donne à la couleur toute son intensité. La marque de sa bonne qualité est une consistance un peu visqueuse, & de filer comme un vin gras.

On a fait pressentir les dangers de la gelée, qui en effet détruit la couleur & gâte le bain, qu'on ne peut réparer qu'en faisant recuire dessus du nouveau bois rapé ; frais & perte de temps qui en doublent presque la dépense.

A l'égard du bain de bois d'Inde ou de Campêche, qui se fait sur le même procédé que le précédent, on ne passe point à une seconde cuite; ce bain ne sert que pour le noir d'impression, & le produit d'un second seroit moindre que la dépense à faire pour l'obtenir. Celui-ci ne pourroit s'employer que dans le violet, couleur qu'on fait rarement, & à laquelle on réussit également en étendant le premier bain dans une plus ou moins grande quatité d'eau, suivant la nuance qu'on veut obtenir.

Le bain de bois jaune se fait sur le même principe que celui de bois d'Inde, & ils ont l'un & l'autre cela de contraire à celui de Fernambouc, qu'ils perdent beaucoup de leur qualité en vieillissant, & qu'il ne convient de les faire qu'en quantité & au moment qu'on en a besoin.

Les Auteurs ont établi comme une doctrine, que les eaux les plus dures, les plus crues, étoient les plus propres à extraire les parties colorantes des bois, & ils conseillent de faire les bains d'eau de puits, de préférence à celle de riviere. Les gens de l'Art que j'ai consultés, prétendent que l'eau de puits donne en effet au bain une teinte plus forte; mais que cet excès de couleur, produit sans doute par les sélénites dont l'eau de puits est beaucoup plus chargée que celle de riviere, de même que le rehaussement de couleur des bois, produit par l'eau de chaux, n'est point une preuve d'une plus grande quantité de parties colorantes extraites, puisque l'eau de riviere, plus douce, plus divisée, plus tenue, toutes choses égales d'ailleurs, fournit réellement plus de teinture. Une autre observation essentielle à l'égard du bain de bois de Fernambouc fait à l'eau de puits, c'est qu'il ne devient jamais aussi gras, & qu'il ne colore pas aussi vigoureusement.

Composition du bleu de Saxe.

Sur trois livres d'huile de vitriol, mises dans un pot de terre vernissé qui en peut contenir le double, on verse peu à peu de l'*Indigo florè Gatimalo*, réduit en poudre fine & passée au tamis, jusqu'à la quantité de six onces : on remue toujours à mesure avec une spatule de verre ou de bois blanc; celle de verre est préférable. Lorsque tout l'indigo est mêlé avec l'acide vitriolique, on met la composition au bain-marie dans une eau chaude retirée de dessus le feu, & l'on continue de remuer jusqu'à ce que l'indigo soit bien dissous, pendant environ une heure, ce qu'on reconnoît à l'éclaircissement de la composition. Lorsqu'il n'y a plus aucune boule ou maton, elle est faite, & on peut l'employer aussitôt qu'elle est refroidie. Il se fait une telle effervescence pendant cette dissolution, que si l'on n'agitoit continuellement & fortement la matiere avec la spatule, elle s'éleveroit au dessus des bords du vase, & se répandroit. On est même obligé quelquefois dans cet intervalle de retirer le vase de dedans l'eau chaude, & c'est la raison pour laquelle on le prend d'une continence double. Cette effervescence décele toujours un vice dans l'indigo : quand il est très-sec, & qu'il contient fort peu de parties hétérogenes, elle est insensible & presque nulle. Il est donc essentiel de bien choisir l'indigo, & il n'en seroit que mieux de le faire sécher à une chaleur du four très-modérée.

Les personnes qui sont dans le cas de faire bouillir l'eau du bain lors de la dissolution de l'indigo, doivent se défier de la qualité de l'huile de vitriol; il est évident qu'elle est alors moins concentrée qu'elle doit l'être : on a d'ailleurs éprouvé qu'elle donnoit aux couleurs un œil verdâtre qui la fait rejeter des Artistes curieux.

Teinture des Etoffes.

Avant de procéder à la teinture des étoffes, il les faut laver en riviere, les bien battre, ou les faire dégorger & reviquer au moulin, pour ôter la malpropreté & la terre superflue que l'alun y a déposée, autrement le bain seroit bien-tôt gras, *tué* : on ne pourroit y teindre qu'un nombre beaucoup moindre de pieces, & quoiqu'on consommât plus d'ingrédiens colorans, les couleurs resteroient toujours ternes.

On a dit qu'on pouvoit se servir du bain d'alun pour teindre sur le champ les gris, bleu & vert de Saxe ; parce que l'acide vitriolique qui entre dans la composition de ces couleurs, tient lieu non seulement du repos sur le bouillon d'alun nécessaire aux étoffes destinées pour les autres couleurs, mais du bouillon d'alun même, qu'on pourroit très-bien se dispenser de donner aux étoffes sur lesquelles on n'auroit pas d'autres couleurs d'impression à appliquer, que celles faites avec la composition, pourvu qu'on en mît dans le bain même de la teinture de ces couleurs, à raison de deux livres par piece d'étoffe, ainsi que le pratiquent les Teinturiers du grand & bon teint; on en use ainsi d'ailleurs pour gagner sur le feu & sur le temps : mais si l'inconvénient est nul dans ce cas-ci, & pour les couleurs à la composition, il ne l'est pas pour celle au bois; il faut alors vuider la chaudiere & faire un bain neuf, car l'alun, quoiqu'un mordant très-propre à développer les couleurs du bois, & à leur donner de la vivacité lorsqu'il est employé dans la préparation des étoffes, détruiroit cependant ces mêmes couleurs s'il se mêloit à leur teinture.

Supposant donc les bouillons d'alun finis, le bain resté dans la chaudiere, & des gris, bleus, ou verts de Saxe à faire, on emplit la chaudiere, on pousse le feu, mais à un point assez modéré pour pouvoir aisément tenir toujours la main dans le bain; & pour les gris de Saxe les plus pâles, on y verse de la composition en quantité d'un cube de six à sept lignes de côté; on pallie bien; on prend alors une piece d'étoffe, mise sur une planche posée sur le bord de la chaudiere; on en jette le premier bout sur le tourniquet qui est en travers au dessus du bain : un Ouvrier tourne le plus vîte possible, pendant qu'un autre enfonce la piece à mesure qu'elle tombe. Quand elle est toute passée, on en attache les deux bouts ensemble, & on lui donne cinq ou six tours de suite, en la tenant toujours au large avec un *lisoir*; alors on en retire une partie, on la tord, on la retord dans un linge ou étoffe seche; on en confronte la nuance : si elle est au dessous de celle de l'échantillon, on redonne encore deux ou trois, trois ou quatre tours, si l'on juge qu'il y a assez de composition dans le bain; si au contraire il n'y en a pas assez, après avoir levé la piece sur le tourniquet, on en ajoute un peu au bain; on le pallie, & on lui redonne autant de tours ou de *bouts* qu'il en est nécessaire.

Lorsque la couleur est achevée, on leve la piece sur le tourniquet, on la laisse un peu égoutter; puis, déroulée & jetée sur un jallier, on l'emporte sur le champ à la riviere; on la lave en eau courante; ensuite on la plie, on la roule, on la pose debout pour en faire égoutter l'eau, & on la fait sécher. Les étoffes seches, on les corroie à chaud pour les étendre, en ôter les faux plis, les tenir sur leur largeur; elles sont alors propres à mettre à l'impression.

Les bleus de toutes nuances se font de la même maniere, en ajoutant au bain plus ou moins de composition, & en le tenant à un degré de chaleur au dessus, tel qu'il approche de l'ébulition sans y jamais atteindre : le bleu en deviendroit terne & verdâtre. Cette suite de couleurs se fait toujours sur les mêmes bains; & les bleus achevés, on passe incontinent aux différens verts de Saxe, pour lesquels il n'est question que de faire cuire, dans le bain précédent, du bois jaune également rapé & mis dans un sac.

Il est d'observation que le bois jaune cuit dans la chaudiere dans laquelle on teint, donne une couleur plus vive que lorsque le bain en est fait à part. Le bain, par le contact de l'air, perd beaucoup de sa qualité, & la couleur qu'il donne, de son intensité, on ne l'emploie jamais trop tôt.

Pour tous les gris autres que les gris de Saxe, on ajoute seulement un peu de bain de bois au premier procédé. Veut-on des gris éteints, depuis le gris blanc jusqu'au gris le plus foncé? le bois d'Inde, en dose proportionnée à la nuance, en fait l'affaire; quelquefois cependant on y ajoute un peu de dissolution de vitriol de Mars, ou couperose. Les gris rougeâtres veulent un peu moins de composition, un peu moins de bois d'Inde, mais un peu de Fernambouc.

Paille & Jaune.

Lorsqu'on veut faire du Jaune à la suite des nuances de Paille, on met une botte de gaude dans la chaudiere; on l'y laisse jusqu'à ce qu'on apperçoive que le bain en est un peu chargé : on en juge mieux par un petit échantillon qu'on fait sur le champ. S'il est au point requis, on tire la gaude, on pallie la chaudiere, & l'on teint en tournant & retournant la piece très-vîte, la tenant toujours au large, jusqu'à ce qu'elle soit achevée. Toutes les nuances de Paille dépendent du temps qu'on laisse la botte de gaude dans la chaudiere. En la laissant plus long-temps encore, on passe finalement à celle de Jaune par gradation ascendante. Si l'on veut obtenir du Jaune d'abord, on fait bouillir la gaude assez long-temps pour en extraire toutes les parties colorantes, & l'on descend au contraire du plus beau Jaune au Paille le plus clair.

Il faut être soigneux de rafraîchir le bain de gaude avant de s'en servir. Ses parties colorantes sont très-susceptibles d'être happées; & plus le bain est chaud, plus l'étoffe les absorbe rapidement, ce qui expose presque indispensablement alors à faire des couleurs inégales.

Soucis, Aurore, Jaune doré, & autres de ce genre.

Après avoir tiré de la gaude, & coloré l'étoffe de tout ce qu'elle peut donner de teinture, on ajoute au bain du curcuma en poudre, qu'on met à nu dans la chaudiere; on lui fait jeter un bouillon, & l'on y passe successivement toutes les pieces qu'on a à teindre de cette couleur. Veut-on hausser encore cette nuance, lui donner un œil rougeâtre? il n'y a qu'à ajouter un bain, un peu de celui de Fernambouc; & si l'on en mettoit une certaine quantité, on le pousseroit jusqu'à l'écarlate faux.

Abricot, Chamois, &c.

L'Abricot, le Chamois, & autres, se font par le mélange des bains de bois jaune & de Fernambouc.

Rose, Cramoisis, Écarlates, &c.

A l'égard des Rose, Cramoisis, Écarlates, &c. on procede comme il suit.

On met dans la chaudiere, presque remplie d'eau chaude à n'y pouvoir tenir la main, deux seaux d'eau sure, pour atténuer l'eau du bain, la rendre plus pénétrante, & lui faire trancher l'étoffe. On y ajoute un quart de seau de bain de Fernambouc; on pallie, & l'on teint. La nuance qu'on obtient alors est une couleur de chair; on la hausse par degré jusqu'au Cramoisi foncé, en augmentant successivement la dose du bain de Fernambouc.

On juge de la nuance, en trempant un échantillon de la piece teinte dans une eau de chaux vive, qui fait monter & roser la couleur. On le lave en eau claire, & on le seche en le tordant dans un linge. Si elle n'est pas assez foncée, ou l'on donne encore quelques bouts à la piece, lorsqu'il y a assez de composition dans la chaudiere, ou on la leve, pour en ajouter au bain, la rabattre & la retravailler.

Lorsque l'étoffe est dure à prendre la couleur, & à se monter à la nuance qu'on désire, on l'abat sur le jallier, & on la porte sur le saudet, pour l'éventer à grands plis, à deux ou trois reprises différentes.

Au lieu de deux seaux d'eau sure, qu'on met pour obtenir les différentes nuances de Rose & de Cramoisi, on en met quatre, & jusqu'à six, pour faire l'Ecarlate. Cette eau donne au bain de Fernambouc un œil jaunâtre, dont on peut accroître l'intensité par deux ou trois poignées de curcuma en poudre jeté dans la chaudiere.

Pour donner aux Roses & aux Cramoisis tout le degré d'intensité dont ils sont susceptibles, on met dans une chaudiere remplie d'eau, & alors celle de puits est préférable, un, deux, & jusqu'à trois seaux d'eau de chaux vive, qu'on remue bien dans le vase où on l'a fait éteindre, & où on la tient en dépôt, de maniere qu'elle soit très-blanche. On pallie; on y passe à froid les pieces teintes, & on leur donne autant de bouts qu'il est nécessaire, les levant dans l'intervalle, & augmentant l'eau de chaux, à raison du plus grand effet qu'on désire. La couleur achevée, on porte l'étoffe sur le champ à la riviere, & on la lave, jusqu'à ce qu'on soit assuré qu'il n'y reste plus de chaux, qui altéreroit la couleur & l'étoffe même.

Si l'on veut avoir un Cramoisi très-foncé & imitant le Cramoisi bon teint, on le rose sur le bain même dans lequel il a été fait, en y ajoutant environ trois seaux d'urine par piece, & y travaillant l'étoffe. Mais ce rosage, plus dispendieux que le précédent, outre qu'il est d'une odeur plus désagréable, est, par cette raison, peu usité dans cet Art.

Le

Bleu de Roi.

Le Bleu de *Roi* se fait tout uniment dans un bain de bois d'Inde, auquel on ajoute, en petite quantité, de la dissolution de vitriol de Chypre.

Violet.

Le *Violet* se fait avec le bois d'Inde pur; on le rose ensuite avec de l'eau de chaux, qu'on ajoute au même bain.

On ne doit jamais oublier, à chaque fois qu'on ajoute quelque chose au bain, de relever l'étoffe au dessus de la chaudiere, & de bien pallier avant de la repasser.

Avant de décrire la composition des pâtes colorées d'impression, il est bon de faire connoître les ingrédiens qui y sont propres. Les matieres colorantes sont en partie les mêmes que celles employées dans la teinture des étoffes. A l'égard des autres, elles sont aussi en petit nombre; mais les agens en sont très-puissans : ceux-ci consistent dans les acides les plus violens, savoir, le vitriolique & le nitreux, & l'un des alkalis les plus caustiques, la potasse. L'huile de vitriol & l'eau-forte ne sauroient être trop concentrées; & l'on préfere, comme très-supérieure, la potasse qui nous vient des Provinces-Unies de l'Amérique, & qui est connue dans le commerce sous le nom d'*York*. Elle est en pierres très-dures, plus grise que celle qui nous vient du Nord, singuliérement caustique, & très-sujette, lorsqu'elle est exposée à l'air, à en attirer l'humidité, & à tomber en déliquescence.

La farine est la base de toutes les pâtes, & la seule matiere, pour ainsi dire, qui y fasse corps; l'amidon qu'on y ajoute est pour donner aux farines naturellement trop seches, une consistance plus visqueuse, & qui les entretienne dans l'état de fluidité le plus adhérent. On préfere, à raison de ces qualités, la farine de *sarrasin*, ou bled noir; nom qui lui vient des Peuples d'Afrique qui nous ont procuré cette plante, & de la couleur de sa graine, connue en Picardie sous le nom de *bucaille*. Sa substance est plus muqueuse, plus mucilagineuse que la farine d'aucun autre grain. Il en faut moins dans les compositions : elle est moins sujette à y fermenter, & elle est à beaucoup plus bas prix. En employant la farine de froment à même dose, il faudroit y mêler le quadruple d'amidon. On pourroit même absolument se passer de ce dernier intermede avec la farine de bled noir : mais il ajoute un peu plus de moëlleux à la pâte.

Il faut que cette farine soit passée au tamis, pour en ôter la pellicule noire qui la recouvre; non qu'elle colore la pâte, mais elle la rendroit plus grossiere : il en passeroit moins par le tamis lorsqu'on la coule après la cuisson; il y auroit plus de perte par conséquent de tous les ingrédiens qui la composent, & peut-être la rendroit-t-on plus susceptible, comme plus sécative, de s'attacher aux planches de cuivre lors de la cuite de l'impression.

J'ajouterai encore une observation relative aux vases de bois, & autres ustensiles de cette matiere dont on se sert dans ce travail, comme dans celui des teintures. Il faut qu'ils soient tous de bois blanc, comme les variétés de peupliers, le bouleau, le sicomore, l'érable, &c. ou lorsqu'ils sont de chêne, ou de noyer, il faut avoir la précaution de les enchausser, c'est-à-dire d'y faire éteindre de la chaux, ou de les empâter d'une chaux nouvellement éteinte, & de les laisser quelque temps dans cet état, jusqu'à ce que la chaux ait détruit les parties colorantes de ces bois, qui surteindroient les couleurs, ou tacheroient les étoffes qu'on y déposeroit.

On en use ainsi pour les vases de bois qui ont contenu de l'huile, & on les rend aussi propres qu'ils peuvent l'être à tous les usages.

Composition des Pâtes d'impression.

Pour le *Noir*, on délaye bien douze livres de farine de bled noir, une livre & demie d'amidon, & un quarteron de curcuma, dans vingt cinq-pintes de bain de bois de campêche; on passe le tout au tamis, & on le verse dans un chaudron de cuivre, qu'on remplit à trois ou quatre pouces près du bord; on y ajoute un demi-verre d'eau de potasse, forte au point de faire une violente sensation de causticité sur la langue; on fait bouillir cette matiere jusqu'à ce que la farine & l'amidon soient bien cuits : l'excès est moins dangereux que le défaut. Quand la pâte n'est pas assez cuite, elle fermente, devient aigre, & tourne; en outre elle s'attache aux cuivres, & en emplit la gravure; on a beaucoup de peine à l'en retirer, elle a fait une impression très-maigre, & le travail est retardé. Il n'y a pas à hésiter, il la faut faire recuire.

En suivant son effet sur un feu en bon état, on remarque qu'elle y est environ dix minutes avant de bouillir; alors elle s'épaissit considérablement, à peu près autant qu'une pâte de pain fermentée; il la faut remuer sans cesse & avec action, avec une forte & grande spatule de bois blanc, pour l'empêcher de s'attacher au fond & autour du chaudron. A mesure que la matiere bout, que toutes ses parties cuisent & se combinent ensemble, elle s'éclaircit, elle ne forme plus qu'une pâte, sinon liquide, du moins fluide; on n'est plus assujetti à la remuer aussi continuellement, quoiqu'il soit nécessaire de le faire de temps en temps, pour la faire éventer & cuire également, mais elle n'est plus aussi sujette à s'attacher & à brûler. Vingt minutes de fort bouillon suffisent; ainsi la cuite entiere peut se faire en une demi-heure de feu.

Au reste, la couleur de la pâte qui a pris de l'intensité à la cuisson, sa consistance, & même une légere odeur de brûlé qui commence à se faire sentir, indiquent le point fixe.

Quand la pâte est cuite, on la verse dans un vase de bois, un baquet ou autre semblable, qui soit très-propre; le mieux seroit de se servir toujours des mêmes vases pour les mêmes couleurs : mais il faut sur-tout avoir la plus grande attention qu'il n'y reste aucune partie de vieille pâte; elle feroit bientôt fermenter, aigrir & tourner la nouvelle. On pourroit la passer au tamis sur le champ, & l'employer chaude comme froide : mais il est plus commode pour l'Ouvrier qu'elle soit refroidie; alors il se forme au dessus une croute épaisse, qui se détache aisément de la masse, qu'on leve & qu'on rejette. Pour s'assurer du degré de noir que produira cette pâte, on en imprime un échantillon de la piece d'étoffe; & si la nuance convient, on coule la pâte dans une *tinette*, & on la livre à l'Ouvrier Imprimeur. Si la nuance n'est pas assez foncée, que la couleur ne soit pas assez noire, on redélaye la pâte avant de la passer, avec un peu d'extrait de curcuma, cuit dans du bain de bois jaune & un peu d'eau de potasse.

Pour le *Rouge*, on suit le même procédé que pour le noir, avec cette différence qu'au lieu du bain de bois de campêche, on emploie celui de fernambouc, & qu'on supprime entiérement le curcuma. On peut animer le rouge, & le faire monter avec de l'eau de chaux vive; mais la potasse vaut mieux, parce qu'elle est moins sécative & moins terreuse.

Pour le *Jaune*, on substitue le bain de bois Jaune, & l'on ajoute une demi-livre ou trois quarts de livre de curcuma, & rien autre, à la même quantité de farine & d'amidon. Le Jaune sert à deux usages. Veut-on obtenir cette couleur sur le gris, le rose ou le cramoisi ? on y ajoute de l'acide vitriolique; on fait un échantillon. Si le Jaune est trop foible, on augmente l'acide vitriolique; s'il est trop foncé, on y ajoute du premier Jaune sans être nuancé.

Si au lieu d'acide vitriolique on met sur le Jaune de la composition de bleu de Saxe, on pourra former toutes les nuances de vert, à proportion de la quantité qu'on en mettra : lorsque le vert est trop bleu, on le ramene avec un peu d'extrait de curcuma, cuit dans du bois Jaune; si au lieu du bain de curcuma, cuit ainsi à part, on l'employoit en poudre, on courroit le risque que la pâte s'attachât aux cuivres dans l'impression.

Le vert peut se nuancer sur le feu, & il n'en est que plus vif, en mêlant la composition dans le Jaune lorsqu'il cuit. Dans ce cas, il ne faut nuancer la pâte que foiblement. Pour pouvoir en tirer des verts pâles, on fait alors le Jaune & le vert séparément.

Pour le *Bleu de Saxe*, on prend treize livres de farine, & trois livres d'amidon, sur vingt-cinq pintes d'eau pure. Cette plus grande quantité de farine & d'amidon sur la même quantité de liquide, est pour compenser la partie colorante répandue dans les bains de bois, & qui concourt, avec la farine & l'amidon, à donner de la consistance aux pâtes : on y ajoute de la composition du bleu de Saxe jusqu'à ce qu'on obtienne un bleu céleste, qu'on hausse ensuite à volonté, par addition modérée & continue, jusqu'à la nuance la plus foncée.

La composition pour jaunir les couleurs teintes en vert & bleu de Saxe, & en écarlate, se fait comme la pâte pour le bleu, avec la différence qu'au lieu de la composition du bleu de Saxe, dont on ne met point du tout, on ajoute un quarteron d'alun dissous ou pulvérisé, ce qui ne fait alors qu'une pâte blanche. Lorsqu'elle est refroidie, on en passe au tamis ce dont on a besoin, & on la nuance avec de l'acide nitreux; le plus fort est le meilleur, il peut être employé à trente degrés; lorsqu'il est au dessous, il en faut davantage; & alors il éclaircit trop, il altere la consistance de la pâte, sur-tout si on la monte aux plus hautes nuances.

Pour juger de son effet sur les couleurs indiquées, on fait imprimer un échantillon d'essai; s'il n'est point assez jaune, on ajoute de l'acide nitreux; s'il l'est trop, que l'acide surabonde, qu'il extravase la couleur, ou qu'il ronge trop le noir qu'on y joint par une seconde impression, car on ne peut guere y ajouter d'autres couleurs, qu'il altere & détruit toutes, on ajoute à cette pâte de la nouvelle pâte blanche, sans acide nitreux; & ainsi, par degré, on tempere son effet, & l'on affoiblit la nuance.

Le noir & le rouge sont très-sujets à tourner, sur-tout dans les temps de chaleur. On les raccommode avec de la poudre de bois bien tamisée, savoir, le campêche pour le noir, & le fernambouc pour le rouge; & l'on remonte la couleur de l'un & de l'autre avec la potasse; le rouge quelquefois avec de l'eau de chaux : mais ce raccommodage est toujours imparfait, & la poudre des bois est sujette à s'attacher aux cuivres lors de l'impression.

Les couleurs en pâtes, colorées & travaillées à l'acide vitriolique, ne tournent jamais. La pâte blanche se conserve long-temps, à cause de l'alun qui y entre; mais elle tourne enfin : alors, pour ne la pas perdre, on la mêle par petites parties avec de la nouvelle pâte.

Les couleurs d'impression, bleu & vert de Saxe, peuvent s'appliquer sur tous les fonds, même sur les blanchis, sans être alunés; il en est ainsi du jaune d'impression fait à l'acide vitriolique. Mais toutes les couleurs dans lesquelles cet acide n'entre pas, veulent que les étoffes sur lesquelles on les imprime aient été préparées à l'alun.

Mélange des couleurs.

Gris-rouge de diverses nuances : mêlez du noir & du rouge avec un peu de dissolution de virtiol de mars.

Gris ordinaire, depuis le plus clair jusqu'au plus foncé : mêlez du noir & du blanc avec un peu de la même dissolution.

Pourpre : sur une tinette de rouge, mettez un demi-plateau de bain de noir, plus ou moins, & vous nuancerez avec de l'eau de potasse. Il en sera ainsi des autres.

Des Planches.

Les Planches d'impression sont de cuivre. Dans quelques endroits on se sert de cuivre rouge, ou rosette. A Amiens on préfere le cuivre jaune, comme moins sec, moins filandreux ou pailleteux, moins sujet aux bavures, & d'une tranche plus nette enfin; la rosette d'ailleurs, à moins d'être battue, est plus garnie de vents, de bouillons; elle pese davantage, toutes choses égales, que le cuivre jaune, ce qui est plus embarrassant, plus fatigant pour l'Ouvrier Imprimeur, & elle est plus chere. Le meilleur cuivre jaune nous vient de Namur; on en tire les Planches toutes faites. Ces Planches ont ordinairement trente pouces de largeur, trente-huit de longueur, sur une ligne & demie à deux lignes d'épaisseur. On ne les grave ordinairement que sur la largeur des étoffes à imprimer. Les plus larges sont les serges d'Aumale, de vingt-sept à vingt-huit pouces : on laisse aux deux extrémités sur la longueur, un espace sans être gravé, d'un quart ou de demi-ligne, pour empêcher la couleur de bavet ou couler; ainsi on n'entaille jamais la bordure, on ne coupe jamais les petites figures, &, que celles-ci rentrent les unes dans les autres, ou qu'on ait un dessin suivi, le raccord ne se fait jamais exactement sur la bordure, mais toujours un peu en avant. Il dépend ensuite de la pratique, de l'adresse de l'Ouvrier, de les faire tels qu'ils ne paroissent point sur l'impression. La gravure ne se fait guere que d'une demi-ligne ou trois quarts de ligne au plus de profondeur. On ne dira rien ici de la maniere de l'exécuter : c'est un Art absolument à part, & qui ne differe de la gravure ordinaire, qu'en ce que celle-ci, plus délicate, plus légere, se fait au burin, à la pointe séchée, mais à la main, & que celle pour imprimer les étoffes, plus large & plus creuse, se fait au marteau. Cependant tous les Imprimeurs le font exercer chez eux, & toujours, quant aux dessins, avec le secret qu'on met dans la nouveauté des découvertes.

Le poids des Planches avant la gravure, est de soixante à quatre-vingt livres. Il diminue en proportion de l'étendu du travail, du dessin, & de la profondeur de la gravure, mais elles forment toujours une masse de cinquante livres au moins, entre les mains de l'Imprimeur

Préparation des Planches.

Soit que les Planches soient neuves, soit qu'elles aient servi, il faut, chaque fois qu'on veut les mettre en travail, les graisser avec de l'huile de poisson : on y est même obligé quelquefois dans l'intervalle des cuites qu'on fait de suite, lorsque le cuivre s'aigrit, & que les pâtes se collent & tiennent à la gravure : pour cela on pose la Planche sur le *potin*, & on l'y laisse s'échauffer jusqu'à ce qu'une goutte d'eau jetée dessus, s'évapore dans un clin d'œil; on la leve alors, on la pose sur le baquet ou lavoir, & avec un morceau d'une étoffe grossiere de laine, trempé dans de l'huile de poisson, on la frotte de maniere à l'en bien graisser, & on la jette à l'eau. Le moment d'après on la retire, on la brosse rudement, & on la lave bien, pour en ôter toute l'huile; on l'éponge ensuite, & on la garnit de couleur.

De l'Impression (1).

La couleur en pâte, telle qu'on l'a décrite, tirée du premier vase, est mise dans une tinette ou plus petit vase, que l'Ouvrier place derriere le lavoir; on en met une ou plusieurs cuillerées sur la planche, où les deux Ouvriers l'étendent avec un *liége* ou feutre de laine grossiere, d'environ dix pouces de longueur sur cinq de largeur, façonné exprès par les Chapeliers; on le passe & repasse en traînant la pâte sur la planche, pour l'en garnir entiérement, & appuyant pour la faire bien entrer dans la gravure, & en ramasser l'excédant dans un plateau ou sébile; ensuite, avec un morceau de vieux chapeau de trois à quatre sur quatre à cinq pouces, on nettoie la couleur qui reste sur la face lisse de la planche, ce qu'on appelle ratisser la planche. On prépare ce morceau de chapeau en le trempant dans de la pâte colorée de noir ou de rouge, sans être nuancée, le faisant sécher sur le tuyau du fourneau, le brûlant ensuite sur le potin, ou à la bouche du fourneau, pour lui donner de la fermeté, & rendre unie la tranche qui doit servir à ratisser, & enfin le frottant sur une brique, pour en détacher le grillé, & polir cette tranche.

On met alors la planche sur le fourneau, immédiatement sur le potin, qu'elle doit excéder d'un demi-pouce à chaque bout, pour éviter le contact du potin qui brûleroit l'étoffe, & encore parce que la vapeur brûlante qui sort d'entre le potin & la planche de cuivre posée dessus mouillée, terniroit, brûleroit les couleurs, sur toute la ligne de rencontre.

Deux Ouvriers, l'un de chaque côté de la presse, tiennent l'étoffe bien étendue, & la posent carrément sur la planche, la tenant toujours ferme. On opere cette tension & fermeté égales, au moyen d'une verge de fer rond de trente pouces de longueur sur un demi-pouce ou un pouce de diametre. Lorsqu'on imprime une étoffe pour la premiere fois, le moindre poids suffit; mais si l'on passe à une seconde couleur, l'étoffe s'est retirée; il faut le poids plus fort, pour la ramener à son premier état, & faire juste la rentrée ou raccord du dessin.

L'Ouvrier qui est du côté du lavoir, ajuste la piece pour faire le raccord sur la planche: celui qui est du côté de l'ouverture du fourneau, pose la verge de fer en travers l'étoffe, qu'il tire ainsi à lui pour l'étendre bien également.

On pose sur l'étoffe deux couvertures de laine grossiere, qui excedent la planche de part & d'autre sur la longueur. Ces couvertures molles, & à long poil, pressent la pâte dans la gravure; elles en reçoivent les parties, qui pénetrent à travers l'étoffe, & la premiere vapeur, qui est forte & très-humide. Après cinq à six planches, lorsqu'elles ont servi à cinq ou six pressées de suite, plus ou moins, la premiere, celle qui est immédiatement sur l'étoffe à imprimer, devient empatée & dure; on la retire, on lui en substitue une autre, & ainsi de suite. Le soir on jette toutes ces couvertures dans une chaudiere, & lorsqu'elles ont bouilli suffisamment pour en détremper les pâtes recuites dont elles sont imprégnées, on les laisse tremper sur le bouillon, jusqu'au lendemain, qu'on les lave & bat fortement à la riviere; quand elles sont parfaitement nettes, que l'eau en sort claire, on les fait sécher, & on les emploie de nouveau.

Les choses ainsi disposées on abat le manteau de la presse, & l'on serre fortement, d'abord à la main, puis au levier. Toutes ces opérations doivent se faire avec beaucoup de célérité, pour profiter de la chaleur, en saisir le degré, & en répandre les influences également par-tout. Elle doit être telle qu'on peut l'imaginer, produite par un feu de charbon de terre allumé deux heures avant au moins, vivement poussé, & continuellement entretenu. Le temps de la cuite est de deux à trois minutes: on ne sauroit l'assigner avec plus de précision, puisqu'il dépend de ce degré de chaleur très-difficile à déterminer, d'autant qu'il dépend lui-même, & de l'épaisseur des planches, & de la quantité de pâte employée dans le dessin plus ou moins travaillé, plus ou moins creux. On peut en juger cependant en levant l'étoffe par l'un des bouts, & touchant à la plaque de cuivre avec le doigt mouillé: si la dessication est subite, & qu'il se fasse un petit bruit que les Ouvriers appellent *friser*, on peut supposer que l'impression est assez cuite. On leve le manteau, & si l'on s'apperçoit que la vapeur humide qui s'éleve ne s'évapore pas sur le champ par-tout également, & qu'en portant la main sur les parties qui fument encore, lorsque les autres cessent de fumer, on sente de l'humidité, on double l'une des couvertures sur les endroits les moins cuits, ou l'on remet également les deux, si la cuite de la planche entiere n'est pas encore au point convenable; on abat le manteau, qu'on releve l'instant d'après. Si l'on s'appercevoit que la chaleur poussât plus vivement dans des parties que dans d'autres, d'une maniere qui pût devenir nuisible, on a toutes prêtes de petites plaques de tôle très-minces, qu'on met sur ces places mêmes, entre la plaque de cuivre & le potin. Le potin généralement trop chaud, fait extravaser la couleur; lorsqu'on soupçonne cet inconvénient, on tempere son ardeur avec de l'eau qu'on jette dessus, ou par quelques feuilles de tôle interposées comme je viens de l'indiquer.

La pâte comprimée & cuite fait adhérer fortement l'étoffe au cuivre; on l'en détache par une prompte & forte secousse; on rejette la partie imprimée sur le manteau de la presse; on saisit aussi-tôt la planche de cuivre avec des poignées ou morceaux d'étoffe grossiere qu'on tient dans chaque main, on se retourne en la transportant sur les bords du lavoir plein d'eau, & on la coule dedans toute brûlante. Cette eau se teint bientôt des couleurs de la pâte: il la faut renouveler à tous les changemens de couleur. La grande chaleur des plaques lui en communique enfin une assez forte. Il la faut rafraîchir, autrement elle concourroit plutôt avec la chaleur de la planche, à recuire la couleur dans la gravure, qu'à l'en détacher. Pendant ce temps, pendant celui de la cuite, l'un des deux Ouvriers nécessaires pour servir une presse, prépare une nouvelle planche, si l'on en a plusieurs de même dessin, ou l'on retire de l'eau la même planche, on l'éponge, on la regarnit de pâte, & ainsi de suite.

Quand elle est posée sur le fourneau, on y applique la suite de la partie imprimée de l'étoffe, ayant attention de la doubler un peu, pour rapprocher exactement le bord imprimé de celui à imprimer.

Lorsqu'on veut colorier une étoffe de deux ou trois couleurs d'impression, on grave en conséquence autant de planches que le dessin doit contenir de couleur, en combinant les raccords dans le dessin

(1) Voir les Planches I, II, III, où la construction du fourneau, des presses, & la pratique de cet Art sont développées.

& dans la gravure, comme pour les planches d'impression d'application.

On imprime d'abord la premiere couleur, celle qui domine dans le dessin; on passe à la seconde impression, on en fait de même pour les suivantes, toujours successivement sur la même partie de l'étoffe, & ainsi jusqu'à la fin de la piece. Le premier raccord fait, les autres se font sans gêne, au moyen du pli marqué par les bords de la planche, en avant, en arriere, & sur le côté opposé au tuyau du fourneau, où l'on place toujours la lisiere gravée du dessin, & d'une raie à la craie blanche sur la couleur, & au charbon sur un fond blanc, que les Ouvriers font à l'envers de ces trois plis, sur l'arrête même de la planche.

Si le dessin est compliqué, qu'on veuille en multiplier les couleurs, en varier les nuances, & y conserver plus de régularité même qu'il n'est possible avec une suite de planches de cuivre; il est un autre moyen, celui de faire les remplissages à froid, & à la planche de bois; comme il est d'usage dans l'impression de l'indienne; mais alors le procédé des couleurs est très-différent: il n'est plus question de pâte; l'huile devient un agent indispensable. On donnera ci-après la composition de ces matieres d'impression.

Avant de se servir d'une planche neuve, de la mettre en plein travail, on en fait l'essai; on procede comme dans le courant des opérations, jusqu'à ce qu'elle soit garnie de pâte, & sur le fourneau; c'est-à-dire, qu'on la chauffe, qu'on l'huile, qu'on la brosse, qu'on la lave, &c.

Alors on la couvre d'un morceau d'étoffe de la longueur & largeur de la plaque; on pose sur celle-ci les deux couvertures grossieres de Laine, on abat le manteau, & on laisse cuire la drogue. Si l'impression est égale par-tout, & qu'elle soit nette, la planche est telle qu'elle doit être; la gravure est bonne: si au contraire il y a des parties trop fortes, ou barbouillées, ou que d'autres soient trop maigres, il faut limer les premieres, & quelquefois les relever légérement au marteau, & retravailler nécessairement la gravure des autres.

On conçoit la possibilité d'imprimer de cette maniere toutes sortes d'étoffes de Laine unies & veloutées, ainsi des moquettes & des velours façon d'Utrecht, quoique le tissu, chaîne & trame, de ces étoffes, soit en fil de lin, le velouté des unes étant en Laine, & celui des autres en poil de chevre; avec la précaution néanmoins à l'égard de ces dernieres especes d'étoffes, de n'employer les couleurs faites à l'acide vitriolique, qu'avec beaucoup de précaution, ou seulement sur celles qui seroient assez fortement garnies de poil, pour que ce violent acide minéral ne pénetre pas jusqu'à la matiere végétale, qu'il brûleroit. J'ai vu arriver cet accident plusieurs fois, & avec beaucoup de dommage: il est cependant un moyen de l'éviter; c'est celui de mêler dans la couleur, des terres très-absorbantes; du blanc, de la craie, de la chaux même: elles émoussent la violence de l'acide, mais elles pâlissent la couleur en même temps; dans ce cas, il la faut pousser primitivement à une nuance au dessus de celle qu'on désire.

On peut imprimer ainsi toutes sortes de dessins, des devants de vestes, des bordures de robes, de jupes, &c. & si la couleur dans laquelle l'étoffe est teinte avant l'impression, étoit en bon teint, toutes les couleurs d'impression qui s'amalgament avec celles sur laquelle elles sont appliquées, seroient également en bon teint.

De l'Impression au cylindre (1).

La composition des pâtes colorées est la même que celle à la planche, avec la différence, qu'il faut donner plus de force, charger davantage de parties colorantes les bains de bois, & donner un peu moins de consistance aux pâtes, parce que la gravure de la planche cylindrique, ou du *manchon*, est moins profonde, plus fine & plus délicate que celle de la planche plane.

La mécanique montée conformément aux Figures des Planches 4 & 5, qui, ainsi que les précédentes, seront expliquées ci-après, on garnit le cylindre de bois, d'un ou deux doubles d'une bonne & forte couverture de Laine, qu'on attache avec de petits clous sur les bords de ce cylindre; on échauffe le cylindre de fer fondu, tourné & poli, au moyen de deux gros boulons de fer également de fonte, qu'on fait rougir dans un brasier de charbon de terre, & qu'on insinue dans le creux du cylindre, avec un ringard armé d'une espece de poche cylindrique en fer, dans laquelle ils s'emboîtent: on a quatre de ces boulons; deux de rechange, qui chauffent pendant que les deux autres sont en travail; & cet échange se fait dès que le rouge en tombe. Lorsque la planche roulée en manchon, dans laquelle passe le cylindre de fer, est très-chaude, on baisse le rouleau de bois garni de la couverture; on passe entre ce rouleau & le cylindre ou la planche cylindrique, une piece de couverture de la longueur de l'étoffe, & en dessous, le plus près de la planche de cuivre, ladite piece d'étoffe qu'on veut imprimer; on serre le rouleau avec les vis qui portent sur ses extrémités. L'homme qui est à la manivelle, tourne & fait jouer la machine: le mouvement communiqué par les rouages à l'axe du cylindre de fer, se communique aux autres par le frottement de celui-ci. On a toujours la précaution de faire un échantillon d'essai; & lorsque la planche imprime net, que la couleur s'en détache bien, & que la couleur est telle qu'il convient, on continue, par un mouvement autant égal qu'il est possible, la chaleur supposée telle.

On garnit de couleur la planche cylindrique, comme on le fait de la planche plane, avec cette différence, qu'on ne pose la pâte colorée sur la longueur de la planche, que par bandes de quatre à cinq pouces de large, sur la partie qui doit passer le plutôt sous le cylindre. Cette pâte colorée se trouvant en même instant au plus fort degré de pression & au plus haut degré de chaleur, se décharge sur l'étoffe, & s'y imprime. On en détache celle-ci à mesure, comme aux planches planes; & on la soutient pardessus, pour qu'elle ne se salisse pas. La planche très-échauffée & tournant toujours, passe dans une cuve remplie d'eau, placée en dessous, & s'y rafraîchit: à mesure que chaque partie ressort de l'eau, on la lave, on la nettoie, on la regarnit de couleur, & ainsi de suite.

On imprime de cette maniere environ huit aunes de pannes par heure, deux pieces de quarante-cinq à quarante-huit aunes par jour, en douze heures de travail, de six heures à midi, & de deux à huit heures; c'est à peu près la même quantité de travail qu'à la presse d'impression sur le fourneau.

On n'imprime pas au cylindre, en temps donné,

(1) On doit au sieur Bonvalet pere, d'avoir fait connoître & introduit le premier en Picardie l'impression des étoffes à la planche plane, comme je l'ai observé; mais il en a toujours résulté l'inconvénient des raccords, l'inégalité & le peu de netteté dans le travail. Cet Artiste l'a senti, & on lui doit l'idée de l'impression des étoffes de Laine à chaud & au cylindre, qui s'est beaucoup étendue, & singuliérement perfectionnée depuis. Au moyen de ce mécanisme, qui n'est connu encore qu'à Amiens, on évite tous les inconvéniens dont on vient de parler.

une même longueur d'étoffe drapée, que de panne, parce qu'elle contient plus d'humidité que le poil de chevre, qui en retient très-peu, à raison de quoi il faut plus de temps pour cuire la couleur appliquée sur la premiere. Mais à la planche on imprime à peu près autant de l'une que de l'autre, parce que les couvertures, & le matelas du manteau de la presse absorbent très-promptement cette humidité superflue qui s'échappe des pâtes colorées, lors de la cuite, à travers l'étoffe.

On tire également ces planches de Namur, ou de Stolberg, près d'Aix-la-Chapelle; celles de Namur valent mieux; elles ont même épaisseur, moitié en sus de longueur & de poids des planches planes; elles pesent par conséquent de quatre-vingdix à cent dix livres. Une planche d'un bon cuivre, bien doux, bien corroyé, sans pailles ni gersures, peut durer dix ans à travailler tous les jours, à la presse comme au cylindre : mais le moindre de ces défauts se décele bientôt au cylindre, où la pression étant plus forte, plus dure, & n'étant que partielle, la moindre paille, la moindre gersure fait entr'ouvrir & crever la planche. Il faut alors couper autour de la crevasse toutes les parties tant soit peu altérées, tailler les bords en chanfrein, y appliquer & braser une piece qui s'y adapte exactement, & la graver, en continuant dessus le dessin de la planche.

Maniere de ployer les planches, & de leur donner la forme cylindrique.

Quand elles sont gravées, on les recuit dans un feu de bois, jusqu'à ce que la chaleur ait poussé le cuivre au rouge, & qu'il soit amolli; on pose la plaque horizontalement sur une piece de bois creusée en gouttiere cylindrique; on descend dessus une autre piece de bois, dont la forme en dessous est également cylindrique, mais convexe, d'environ six pouces de diametre, à pouvoir s'emboîter dans la partie concave de la piece de bois qui est pardessous la planche. Celle qui est en dessus est attachée par les deux bouts à un arbre ou manteau de presse, qu'on fait monter & descendre, au moyen d'une vis & d'un écrou. Lorsque le cylindre a fait son impression sur la planche de cuivre, qu'il l'a pressée dans le creux qui est au dessous, & qu'il lui en a fait prendre bien la forme, on rechange en passant la plaque peu à peu; &, continuant toujours, elle forme enfin un cylindre creux, qui lui a fait donner le nom de manchon, en se reployant pardessus, entre la piece de bois, qui la serre immédiatement, & l'arbre ou manteau de la presse.

Les bords de cette plaque sont taillés en biseau de trois à quatre lignes de largeur; on les joint, on les attache de pouce & demi en pouce & demi de distance, avec des clous de cuivre, & l'on y coule de la soudure, qu'on trouve faite chez les Fondeurs.

On avoit laissé aux deux extrémités de la planche un espace d'un pouce & demi sans être gravé; on continue le dessin alors en gravant sur la jonction de ses parties, & sur la soudure.

Quand tout est fini, on releve les bords du cylindre creux ou manchon en dehors, comme pour évaser l'ouverture, d'environ trois quarts de pouce. Cette opération se fait au marteau sur l'enclume, & à froid; on y cloue, avec des petits clous de gros fil de fer rapprochés, une barre ou lame de fer assez amincie en dedans, pour ne point surmonter la surface intérieure du cylindre, & se rebroussant en dehors avec la planche de cuivre, pour essuyer tout le frottement par côté, contre le point d'appui qui est aussi en fer, qui soutient la planche dans sa direction horizontale, & qui empêche qu'elle ne se torde; ce qui arrivoit avant qu'on eût imaginé ce rebroussement & ce point d'appui.

On n'est parvenu qu'en dernier lieu à ce degré de perfection, & après beaucoup d'essai. On a longtemps tenté de couler des planches planes entre des cylindres, de les faire soutenir horizontalement en entrant & en sortant, d'en faire succéder les unes aux autres; mais le cuivre s'alongeoit, se tordoit, bavoit sur les bords; les dessins se déformoient, & l'on ne faisoit rien qui ne coutât beaucoup, & qui ne fût mal réussi en grand.

On huile les bords du cercle de fer de la planche, pour adoucir le frottement, ainsi que le tourillon des axes. Les boulons se rechangent environ de vingt en vingt-cinq minutes; le fourneau où on les fait chauffer, est un fourneau ordinaire, en voûte percée dans le milieu, sur quatre pouces en quarré; les boulons se mettent dans le charbon de terre allumé.

Il faut trois hommes pour imprimer au cylindre; l'un pour tourner la manivelle & faire mouvoir la machine; les deux autres sont occupés à détacher de dessus le cylindre les parties de la piece d'étoffe, à mesure qu'elles sont imprimées, à les relever en dessus, à changer les boulons de fer, à laver la planche, mettre la couleur dessus, enfin à veiller au travail & à le diriger.

Grattage des étoffes après l'impression.

Les étoffes, après l'impression, sont dures au tact; les couleurs en sont mates & écailleuses; il les faut gratter ou racler, pour rendre à l'étoffe sa douceur naturelle, & faire ressortir les couleurs. Pour cela, on les passe sur un fourneau alongé, couvert d'une plaque de fer de fonte, en voûte à plein ceintre, d'un diametre fort court, & surmontée de barreaux de fer posés longitudinalement, écartés de la plaque de six, huit, dix & jusqu'à douze lignes, & séparées les unes des autres d'environ un pouce & demi (*Pl.* 3, *Fig.* 1, 3 & 4.). Lorsque le premier bout de la piece est chaud, on le tire sur une table posée en face en plan incliné; on le racle bien avec un grattoir à manche de bois & à lame de fer; il en sort une poussiere rude & grossiere qui tombe à terre, & n'est autre que la farine teinte, cuite & brûlée : remise en pâte, si elle n'étoit pas ordinairement un mélange de plusieurs couleurs, elle redonneroit une teinture presque aussi belle que la premiere fois; mais il en couteroit plus que la chose ne vaudroit; on la néglige. On tire la partie suivante de l'étoffe, qui a eu le temps de s'échauffer pendant que l'on travailloit la premiere, & ainsi de suite, jusqu'à l'autre bout : on la secoue fortement; il n'en feroit que mieux de la battre un peu, ou, pour celle dont le poil moins long que celui de la serge d'Aumale, qui porte un duvet roide, désagréable & qu'il faut éviter de faire lever, de la bien vergeter; c'est la derniere opération qu'on fasse aux étoffes rases.

A l'égard des pannes, après leur avoir fait subir le même traitement avec plus d'action encore, attendu la plus grande difficulté de les bien purger de la partie gommeuse & recuite des drogues; après les avoir bien vergetées, bien brossées avec une forte brosse, on les frotte d'une éponge trempée dans une dissolution de potasse étendue dans beaucoup d'eau, & assez fortement exprimée pour qu'il n'en puisse point dégoutter d'eau. Ce lustrage enleve la derniere poussiere que la vergette ne sauroit ôter; il ravive toutes les couleurs, & il adoucit beaucoup l'étoffe : il n'en feroit que mieux de terminer par-là à l'égard de toutes les especes d'étoffes imprimées.

Gauffrage des Pannes à la presse.

Pour une piece de panne, on fait dissoudre à

froid environ trois livres de colle forte d'Angleterre, & une livre de gomme adragante dans un sceau d'eau, dans laquelle on fait bouillir une livre de psyllium, ou graine de puces; on met le tout sur le feu, & lorsque le mélange est fait, & la combinaison achevée, on laisse tomber la chaleur de ce bain épais & visqueux, jusqu'à ce qu'on y puisse tenir la main : on en enduit avec une éponge l'envers de l'étoffe, qu'on a eu soin de doubler; on la pose sur la planche de cuivre, sortant du baquet & encore mouillée; on la couvre également des deux couvertures, & on abat le manteau de la presse; on la laisse ainsi un peu moins de temps que pour l'impression dans laquelle il entre des couleurs; on la releve, & le gaufrage est achevé. Ceux qui n'emploient que la colle forte, ont dû remarquer qu'elle durcit trop l'étoffe. La gomme adragante & le psyllium lui conservent plus de moëlleux; d'ailleurs la gomme adragante tache beaucoup moins, dans le cas où cette matiere gluante pénetre à l'endroit de l'étoffe, ce qu'il faut cependant éviter.

Il n'en est pas de même du gauffrage au cylindre, & qui se fait sur diverses sortes d'étoffes rases & veloutées, mais plus particuliérement sur les velours d'Utrecht & sur les moquettes. En attendant que nous donnions la description de cette mécanique, & que nous décrivions la maniere d'opérer, il est bon de dire qu'on n'emploie ou qu'on ne doit employer aucun corps gélatineux, gommeux, résineux, rien en un mot pour catir le poil & en lustrer la partie écrasée; ceux qui disent y employer quelque chose, sans dire ce que c'est, car chacun a son secret, ou n'y emploient rien, & ils mentent pour en écarter l'idée; ce sont des charlatans; ou ils y emploient en effet quelque chose, & ce sont des ignorans. Le seul moyen de faire un beau cati, le plus résistible au frottement & à l'humidité, est de gauffrer l'étoffe avec la plus grande pression & au plus haut degré de chaleur possible, tels néanmoins qu'elle n'en soit pas brûlée, ni les couleurs altérées; que la chaleur soit toujours égale, & le travail bien suivi : il faut sans doute une pratique constante & raisonnée pour attraper ce point, & s'y tenir; mais il en résultera toujours que le ressort de la matiere sera le plus parfaitement brisé, & qu'il en suintera une humeur dissoute, qui en plaquera les poils d'une maniere à leur conserver le lustre, & à les mettre le plus à l'abri des influences quelconques. Tous corps muqueux, gélatineux, gommeux, résineux, ou tel autre de ce genre qu'on puisse employer, ou durcira l'étoffe & ternira les couleurs, ou sera attaquable à l'humidité, & par-là seul il sera plutôt un principe de destruction du gauffrage, qu'un moyen de le perfectionner. J'ai insisté sur ce point utile, sur lequel tout le monde charlatanise à sa maniere, sans que personne ait été au but. Les Arts & Métiers sont remplis de secrets de cette espece, qui consistent à n'en point avoir, que la jalousie & la crainte font beaucoup retentir, & qui tourmentent fort les ignorans.

Impression à froid de toutes sortes d'étoffes en Laines, seches ou drapées, unies ou croisées.

J'ai parlé précédemment d'une maniere d'imprimer d'abord, & de remplir ensuite des dessins tracés à la planche de cuivre & à chaud, en les coloriant à la planche de rapport, en bois & à froid, comme on en use pour les indiennes. J'ai dit que ces couleurs étoient à l'huile, & j'ai annoncé le détail des procédés & leur application; les voici : ils sont fondés sur l'expérience, aux doses indiquées.

Mordant pour toutes les couleurs.

Mettez trois pots d'huile de noix & un pot d'huile de lin dans un chaudron de fer, de grandeur à en contenir le double; ajoutez-y une demi-livre de litharge, & environ deux onces d'huile de vitriol; faites bouillir le tout ensemble, en remuant continuellement avec une spatule de fer : jetez-y dans cet intervalle de gros oignons & des croûtes de pain, pour dégraisser l'huile. Lorsque les oignons sont cuits, ôtez-les avec une écumoire, ainsi que le pain, & l'écume de la litharge; remettez de nouveaux oignons & de nouvelles croûtes, & répétez cette opération jusqu'à ce que l'huile s'enflamme; laissez-la brûler ainsi pendant un quart d'heure ou une demi-heure, jusqu'à ce qu'elle ait acquis la consistance & le gluant d'un sirop un peu épais, ce qu'on reconnoît en en faisant tomber quelques gouttes sur une assiette : si en se refroidissant elle file comme un sirop, elle est au point convenable.

Retirez le chaudron de dessus le feu, couvrez-le d'un couvercle de bois ou de fer, sur lequel il faut jeter une toile ou étoffe mouillée, pour arrêter la combustion; découvrez le chaudron, & attendez, ou remuez la matiere jusqu'à ce qu'elle soit refroidie; on peut s'en servir alors.

Si l'huile n'étoit pas assez dégraissée, on la feroit recuire; si elle l'étoit trop, on la feroit réchauffer, en y ajoutant un peu d'huile non brûlée.

Lorsque l'huile n'est point assez dégraissée, l'impression ne seche jamais bien; elle a toujours un air gras : il en résulte en outre, que les couleurs déchargent sur le fond de l'étoffe.

Lorsqu'elle l'est trop, elle seche très-promptement, & elle est sujette à s'écailler au frottement; ainsi il convient, avant d'opérer en grand, de s'assurer de la qualité du mordant. Pour y parvenir, écrasez sur une pierre à broyer un peu du plus beau noir de fumée, ou du noir d'ivoire; délayez-le avec du mordant, peu à peu & en très-petite quantité à la fois; détrempez cette pâte sur la pierre même, avec de l'essence de térébenthine, jusqu'à ce qu'elle soit à la consistance d'une bouillie claire : faites-en un échantillon, que vous laisserez sécher pendant vingt-quatre heures. Si après cet intervalle l'impression ne s'étend point sur le fond de l'étoffe, ou si elle ne s'écaille point, le mordant est au point convenable.

Formation des Couleurs.

Noir. Le Noir se fait comme on vient de décrire l'essai, mais en employant toujours du plus beau Noir d'ivoire, & terminant la composition de la couleur par un peu d'huile de vitriol, employée avec succès comme un sécatif.

Rouge tirant sur l'écarlate. Prenez du cinabre en poudre, ou vermillon; le plus beau produit le plus bel effet : celui des essais a couté de 9 à 10 livres la livre; broyez-le comme le noir d'ivoire, avec le mordant & l'essence de térébenthine. Sur une demi-livre de cinabre ainsi broyé, & mis dans un pot de terre vernissé, ajoutez, avant de l'employer, un gros d'esprit de sel ammoniac, & un peu moins d'huile de vitriol; la couleur en deviendra plus vive.

Bleu. Broyez du Bleu de Prusse avec le mordant & l'essence de térébenthine; ajoutez-y un peu d'esprit de sel ammoniac, & point d'huile de vitriol.

Vert. Broyez du stil de grain avec le bleu de Prusse, & mêlez un peu de sel ammoniac.

Jaune. Ajoutez seulement au mordant & à l'essence, du stil de grain broyé.

Cramoisi. Prenez de la laque & du cinabre broyés ensemble & avec le mordant & l'essence; plus vous mettrez de laque, plus la couleur sera foncée; vous l'éclaircirez par le cinabre.

Rose. Vous le dégraderez davantage encore par le blanc de plomb.

Blanc. Broyez du Blanc de plomb, sans esprit de sel ammoniac, ni huile de vitriol.

Puce. Au lieu du cinabre employé pour le rouge, broyez seulement de la laque commune.

Mélange des couleurs.

Les couleurs ci-après sont supposées broyées séparément, mises dans un vase & prêtes à être employées à l'impression.

Noire d'ivoire.
Cinabre ou vermillon.
Bleu de Prusse.
Stil de grain.
Blanc de plomb.
Laque.

De ces six couleurs dérivent toutes les autres, en suivant les procédés indiqués ci-après.

Vert. Mêlez du bleu & du jaune en quantité proportionnée à la nuance, qu'on variera beaucoup encore, en y introduisant du blanc.

Violet. Le bleu & la laque formeront cette couleur, dont on aura des dégradations sans nombre par l'intermede du blanc.

Oranger. Prenez du jaune & du cinabre: dégradez à volonté avec du blanc.

Gris. Il proviendra d'un mélange de blanc & de noir.

Gris-bleu. Ajoutez-y du bleu.

Gris-jaune. Mêlez un peu de jaune.

Gris-rouge. Le cinabre & la laque ajoutés le formeront.

Chamois. Prenez du rouge, du jaune & du blanc.

Variétés de Puce. Laque, un peu de noir, & très-peu de blanc.

Il en est du mélange de ces couleurs précisément comme de celui des couleurs pour peindre à l'huile.

Maniere d'imprimer.

On opere sur une table de six pieds de longueur, & d'environ deux de largeur, épaisse de cinq à six pouces, le plus solidement établie sur ses pieds, & recouverte de deux doubles de draps commun, bien étendu, & fixé par de petits clous sur la bordure tout autour.

L'étoffe à imprimer se dispose & on l'imprime de la même maniere que les toiles, dont nous traiterons à la suite des procédés de toutes les couleurs d'indiennes, dans un autre Art déjà préparé.

On prend un baquet d'environ sept pouces de hauteur, ou partie d'une barrique, où tient un des fonds; on y met, jusqu'à la moitié de sa hauteur, de la gomme commune, dissoute & passée au tamis; & sur cette gomme on pose le chassis, qui est formé d'une circonférence de tamis, d'un diametre de deux pouces de moins que celui de l'intérieur du baquet, & d'une peau blanche de mouton, qu'on a mouillée pour la tendre le plus possible, & qui est clouée sur le bois du chassis. Lorsque la peau est bien seche, on pose le chassis dans le baquet, sur la gomme qui, par son élasticité, réagit contre la planche avec laquelle on imprime, & la garnit de couleur également par-tout.

Car ce chassis est ainsi disposé pour y répandre la couleur, & appliquer dessus la planche, pour qu'elle s'en garnisse.

On y en met peu à la fois, & on l'étend bien d'abord, avec une *magnette*, le plus uniment possible. L'Ouvrier commence à prendre de la couleur avec la planche; il la brosse ensuite pour l'humecter également; il en reprend une seconde fois, & s'il remarque que la planche ne se garnisse pas encore bien également, il la brosse une seconde fois; il imprime ensuite.

Quand il trouve que la couleur est trop épaisse, que la planche se garnit mal, & qu'elle ne prend pas bien sur l'étoffe, il met sur le chassis un peu d'essence de térébenthine, pour la détremper & la rendre plus liquide.

L'essence de térébenthine est l'agent émollient de toutes les couleurs. Il faut un chassis pour chaque couleur, c'est-à-dire, pour les vert, bleu, cramoisi, noir, puce, blanc, rouge & jaune; mais on peut faire toutes les nuances d'une couleur dans le même chassis.

A la fin de la journée, lorsque l'Ouvrier quitte le travail, avec un morceau de bois, taillé en biseau, il ôte du chassis le plus qu'il peut de la couleur qui y reste; il la rejette dans la gomme, ou il la met dans un vase à part, pour s'en servir à barbouiller des portes, des fenêtres, ou autres choses semblables.

Pour empêcher que les couleurs ne se dessechent dans les vases où on les a déposées, après avoir été broyées & préparées, ou qu'elles ne se ternissent par la poussiere, on y jette de l'eau dessus, qu'on répand ensuite, lorsqu'on veut se servir de la couleur.

Lorsque l'Ouvrier reprend le travail le matin, & qu'il trouve desséchée le peu de couleur qui est restée dans le chassis, il la détrempe avec de l'essence, avant d'en ajouter de la nouvelle.

La magnette, en terme d'Art, est un feutre de six à neuf lignes d'épaisseur, emmanché sur le diametre d'une planche en demi-cercle prolongé, de maniere que le parallélogramme ajouté au demi-cercle, a le même rayon & le même diametre pour côtés.

Les étoffes imprimées, on les pend dans un grenier durant deux ou trois jours, pour leur faire perdre l'odeur de térébenthine, & les faire sécher; elles sont en état alors d'être mises dans le commerce.

J'observerai que tous ces procédés à l'huile donnent des couleurs toujours solides & également applicables sur la toile, sur les draps & velours de coton, & sur la soie, & qu'ils y produisent un bel effet, lorsque la couleur, assez liquide, y est ménagée au point de pénétrer convenablement l'étoffe, & d'y faire moins peinture que teinture.

C'est ainsi qu'on en use dans les essais d'une entreprise qui ne doit rien laisser désirer de la Chine ni de l'Inde: mais la beauté des sujets & la délicatesse de leur exécution exigent, quant à la gravure & à l'impression, qu'on procede comme pour la gravure & l'impression en taille-douce.

Je ne crois pas déplacé ici le moyen plus simple de la plus parfaite dépuration de toutes sortes d'huiles, les plus corrompues même; moyen qui les rend claires comme de l'eau de roche, & qui consiste à les verser sur de la chaux vive, lorsqu'on l'éteint à l'instant de son plus haut degré d'effervescence; à agiter, brasser fortement le tout ensemble; à la transvaser, pour le dépôt qui est très-lent, dans un vase haut & étroit; à décanter enfin.

L'extrême divisibilité de la chaux lui donne la facilité de pénétrer toutes les molécules de l'huile, & d'en précipiter la partie extractive.

De ce que cette huile ainsi déposée s'étend avec une très-grande facilité, il ne s'ensuit pas qu'elle soit moins desséchée, ou qu'elle ait moins acquis la qualité sécative, que celle qui est dégraissée à la croûte de pain, aux oignons, & à la litharge ou à la céruse. De grasse & visqueuse qu'elle étoit, elle est devenue très-fluide; elle a plus d'action par conséquent: il n'est question que d'en mettre moins.

TABLE
DES
PRINCIPAUX ARTICLES.

Fin de la Table.

DESCRIPTION

DESCRIPTION
DU FOURNEAU, DES MACHINES,
ET
EXPLICATION
DES PLANCHES.

Planche I.

Les *Fig.* 1 & 2 représentent deux fourneaux avec leur presse : celui à gauche, vu parderriere ; & celui à droite, vu pardevant. La charpente de la presse est en bon bois de chêne : les jumelles AA ont un pied sur six pouces d'écarissage : l'écrive BB, ou piece de traverse dans laquelle passe l'écrou, a un pied quarré. La hauteur de la presse de 1 à 2 est de six pieds : les jumelles se prolongent sous terre de quatre pieds, & leurs extrémités sont contenues par une traverse semblable à l'écrive. Cette charpente en chassis, posée verticalement dans une fosse de quatre pieds de profondeur, & plus large que le fourneau, est contenue par une bonne maçonnerie qui remplit la fosse jusqu'au niveau du terrein. Le fourneau est bâti sur cette maçonnerie : on en fera la description ci-après, *Fig.* 3.

Le fourneau construit, on le couvre du *potin* E, qui est une plaque de fer de fonte d'environ dixhuit lignes d'épaisseur, de trente-sept pouces de longueur, sur vingt-neuf de largeur. On y pose la planche de cuivre F, sur laquelle est gravé le dessin, & qui excede le potin tout autour d'un demi-pouce, pour garantir l'étoffe de la brûlure, comme on le verra.

GG. Manteau de la presse, de planches de bois blanc de deux pouces d'épaisseur, fortifiées de pieces de bois de chêne HH, sur lesquelles la vis presse : on prend une longueur d'environ huit à neuf aunes de nattes ou très - grosses étoffes de bourre, & du poil le plus grossier ; on la plie par feuillet, en dix à douze doubles, sur une planche de bois de chêne, percée de trois pouces en trois pouces, pour passer de la ficelle avec une grosse aiguille, & y attacher fortement ladite étoffe : on enfile cette planche, ainsi matelassée, dans les coulisses LL, l'étoffe en dessous comme au manteau M. La distance d'entre les jumelles AA, ainsi que la largeur extérieure du fourneau, est de trois pieds six pouces.

S. Vis isolée.

X. Vis montée.

T. *Fig.* 1, 2 & 3, écrou en cuivre, vu avec ses soutiens vissés en dessus de l'écrive.

U. Deux vues de la lanterne en fer, adaptée au bas de la vis X, avec le petit levier de bois qui y reste attaché, pour en rendre facile le mouvement sur son axe.

e. Grand levier de bois qu'on passe dans la lanterne pour augmenter la force, lorsque la pression donnée avec le petit levier ne suffit pas.

ZZ. Grenouilliere qui s'adapte sur la piece de bois 7, & sur laquelle presse la vis X.

a. Représente le tiroir ou petit chassis de fer avec les coussinets.

aa. Embrassent la gorge de la vis pour soutenir le manteau lorsqu'on le veut lever, comme il se voit en *d.*

g. Tuyau du fourneau N, passant dans la cheminée *h*, divisée en deux tuyaux, comme on voit en *ii*, pour deux fourneaux & deux presses.

1 & 1, 2 & 2, *Fig.* 3. Construction & dimensions du fourneau. Plan du fourneau jusqu'à la voûte O, dont on voit les brisures ou évents, au travers desquels paroît la grille de fer. Les dimensions sont en proportion sur l'échelle qui est au haut de la planche.

Le plan du potin E, *Fig.* 2, est à deux pieds & demi du niveau de terre, derriere le fourneau, & à trois pieds du côté de la porte ou ouverture dudit fourneau; l'espace entre le potin & la voûte est de deux à trois pouces dans le milieu : la hauteur intérieure du fourneau proprement dit, entre les barreaux qui le séparent du cendrier & sa voûte, est d'environ un pied; & celle du cendrier, de dixhuit à vingt pouces, plus ou moins.

Les murs du fourneau ne sont pas élevés carrément jusqu'à la hauteur du potin ; on voit un talus de trois à quatre pouces, qui prend de la surface extérieure de ces murs, jusque sur les bords de la superficie de la plaque de fonte ; il est formé de tuileaux & d'argile : il garantit les doigts de l'Ouvrier des bords brûlans du potin.

Le fourneau est construit de briques, maçonné dans toutes les parties que leur situation rend susceptibles des impressions de la chaleur, en argile & non en chaux.

La voûte O, en briques étroites, a environ deux pouces d'épaisseur, y compris le ciment dont elle est recouverte; on la recouvre en outre avec de petites tuiles soutenues, écartées & croisées les unes sur les autres, posées simplement à la main, comme on le voit en PPP, *Fig.* 3, 3 & 4, 3 & 4. On forme en argile, au milieu, un massif elliptique & creux 5, 5, qui excede un peu la hauteur de la maçonnerie DD, afin que, lorsqu'on pose le potin, ce massif s'affaisse, & que la flamme qui sort à travers les évents, qui se disperse & passe dans les intervalles des petites tuiles, vienne tournoyer contre le massif, avant de s'aller perdre dans le tuyau de la cheminée. Sans la précaution de ce massif, la chaleur porteroit principalement au milieu de la plaque : il amortit celle qui provient directement du fourneau à travers la voûte, & il force la flamme de se répandre & d'échauffer la plaque également par-tout.

Q. *Fig.* 4. Représente la porte du fourneau avec ses gonds & loquet.

R. Indique l'épaisseur de ladite porte qui est en fer de fonte, ainsi que son entournure : ce sont les ſeuls fers, avec la plaque de potin, qui ne ſoient pas forgés. On a eſſayé le fer de fonte pour la grenouillere, & pour d'autres parties qui font effort; il caſſe plutôt : on l'a eſſayé pour les barreaux du fourneau, qui ſont carrés, ſur un pouce de diametre; la chaleur le rongeoit plus promptement : il en eſt ainſi des boulons pour chauffer le cylindre; mais la différence de prix eſt moindre, ainſi que les conſéquences qui en réſultent.

Planche II.

Fig. 1. Ouvrier qui lave la planche de cuivre *ff*, après qu'elle a trempé dans le lavoir L (cette planche eſt repréſentée beaucoup trop petite; elle eſt vue de face & de champ, lorſqu'elle devroit être poſée horizontalement ſur les bords du lavoir & ſur la barre de traverſe, comme elle l'eſt toujours lorſqu'on la lave, qu'on l'huile, qu'on la garnit de couleur, &c.). En P, cette planche eſt vue telle qu'elle a été jetée brûlante, au ſortir de deſſus le fourneau, paſſant ſous la barre de traverſe *gg*.

a. Eponge.

b. Sébile ou écuelle de bois pour mettre le ſuperflu de la couleur, lorſqu'on en nettoie la planche.

c. Petit vaſe de terre qui contient l'huile.

dd. Vaſes de bois ou tinettes, où ſe mettent les pâtes d'impreſſion, diverſement colorées.

e. Cuiller à pot, de bois également, avec laquelle on puiſe la couleur, pour la répandre ſur la planche.

On met ordinairement ſur le derriere des lavoirs, en *hh*, des planches pour ſoutenir la tinette & autres uſtenſiles.

Fig. 2. Deux preſſes en travail.

DD. Derriere des fourneaux.

TT. Talus de la maçonnerie, qui remonte juſqu'à la ſuperficie du potin.

P. Planche de fonte ou potin.

PC. Planche de cuivre, portant le deſſin, & poſée ſur le potin.

O. Ouvrier qui, après avoir tiré à lui la planche de deſſus le fourneau, la ſaiſit avec des poignées ou mains de groſſe étoffe, pour ſe garantir de ſa chaleur brûlante, & la ſouleve avec effort, l'appuyant contre ſa ceinture, pour l'emporter & la jeter dans le lavoir.

AA. Jumelles des preſſes.

BB. Écrive ou piece de l'écrou.

C. Manteau de la preſſe.

a. Vis.

b. Lanterne.

c. Platine.

Fig. 3. Coupe de l'intérieur de la preſſe & du fourneau, vus de profil.

F. Intérieur du fourneau voûté. La flamme ſort par les évents, circule à travers les tuileaux écartés & rangés en différens ſens, dont on voit la coupe au deſſus de la voûte, frappe le potin autour du maſſif qui en occupe le milieu, & va enfin s'échapper par le tuyau de la cheminée.

bb. Barreau de fer, vu ſur ſa longueur, faiſant partie de la grille.

c. Cendrier.

oo. Coupe des murs.

m. Manteau garni de la preſſe, où l'on voit la coupe du gros drap replié ſur lui-même, qui en forme le matelas.

n. Coupe des clavettes qui ſaiſiſſent la prolongation de l'axe de la vis & de la lanterne, & qui ſervent à y ſuſpendre le manteau lorſqu'on fait remonter la vis.

l. Lanterne qu'on fait deſcendre ſur le manteau, & qui le preſſe au moyen du levier *ii*.

v. Vis entrant dans ſon écrou *e*, lequel ſe prolonge juſqu'au centre de l'écrive.

r. Cylindre où ſe déroule l'étoffe EEE, pour paſſer ſur le manteau de la preſſe, & être imprimé ſur la planche de cuivre, dont on apperçoit la coupe entre celle de l'étoffe & celle du potin.

A. Potin ou plaque de fonte qui recouvre le fourneau de la preſſe.

B. Planche de cuivre gravée, un peu plus grande que le potin.

C. Tinette de bois pour mettre la couleur.

c. Cuiller de même matiere, pour la puiſer & la répandre ſur le cuivre.

D. Feutre durci, pour étendre la couleur & nettoyer la planche ou le deſſin.

E. Éponge pour laver la planche. On a auſſi un chiffon de laine, enduit d'huile de poiſſon, pour l'en frotter au beſoin.

F. Plateau ou ſébile de bois, pour rejeter le ſuperflu de la couleur, lorſqu'on nettoie la planche avec le feutre.

G. Pot à huile de poiſſon.

H. Grand levier qu'on emploie, lorſque le petit qui eſt adapté à la lanterne de la preſſe, ne ſuffit plus pour la ſerrer.

L. Main d'étoffe groſſiere, pour retirer la planche de cuivre de deſſus le fourneau, & la porter au lavoir.

Planche III.

Fig. 1. Machine à gratter les étoffes imprimées, l'Ouvrier en travail tenant en main le grattoir & le petit balai de bouleau.

N. Table inclinée, placée ſur la longueur & proche du fourneau, ſur laquelle paſſe & ſe gratte l'étoffe, après s'être échauffée & reſſéchée ſur le fourneau.

I. Talus ou inclinaiſon de ladite table.

PP. Plaque de fer de fonte ceintrée, formant la calotte du fourneau; & barreaux de fer forgé, interpoſés entre la plaque & l'étoffe, pour garantir celle-ci du contact de l'autre, qui la brûleroit.

ZZ. Étoffe vue du côté du deſſin, paſſant ſucceſſivement de deſſus la banquette Q, ſur le fourneau & ſur la table.

QR. Étoffe vue d'envers, ſe déroulant à meſure que l'Ouvrier l'attire à ſoi.

OO. Élévation des murs de conſtruction du fourneau.

V. Intérieur dudit fourneau.

X. Cendrier.

Fig. 2. Diſpoſition du grattage d'un autre deſſin vu plus en grand.

S. Main tenant un grattoir un peu différent de celui en bois, vu en K, dont la partie T eſt en lame de fer un peu tranchante.

Fig. 3. Vue d'oiſeau du fourneau à gratter.

M. Surface ſupérieure des murs de côté, qui ſupportent la plaque de fonte.

H. Coupe horizontale de la cheminée dudit fourneau.

Fig. 4. Table N, en plan incliné I, vue de profil, & placée devant le fourneau, dont V eſt l'intérieur.

X. Le Cendrier.

P. Les barreaux de fer forgé au deſſus de la plaque de fer de fonte, ceintrée & ſervant de calotte audit fourneau.

OO. Les murs ſur leſquels elle porte.

Planche IV.

Mécanique à imprimer au cylindre, vue de face.

A. Charpente élevée à deux pieds trois pouces de terre, qui ſoutient la machine en fer.

BB. Quatre jumelles ou piliers en fer, de deux pouces quarrés.

CD. Planche de cuivre cylindrique, gravée en dessin, ou manchon, d'environ dix-huit pouces de diametre, & de vingt-neuf pouces de longueur. Les cercles de fer qui garnissent les bords & terminent la planche, frottent contre les suppôts EE.

F. Cylindre en bois tournant sur son axe, mobile de bas en haut, & de haut en bas, d'environ quinze pouces de diametre, & de la longueur de la planche ou du dessin. L'écartement de la machine de G en H, est de trente pouces.

OO. Charnieres pour abaisser les piliers BB, en tirant les chevilles GH, pour déplacer, remettre, ou changer la planche.

I. Manivelle ou axe coudé à double équerre, au moyen de laquelle l'Ouvrier met le cylindre en mouvement.

L. L'une des trois branches du volant, au bout de chacune desquelles est une lentille de fer ou de plomb M, pour faciliter la continuation du mouvement imprimé à ces branches, qui ont trois pieds de longueur.

Planche V.

Élévation de la mécanique vue de côté. Sa hauteur de A en B est de trois pieds trois pouces.

C. Cylindre creux de fer fondu, & poli sur le tour, de sept pouces de diametre.

D. Ouverture de ce cylindre, dont le diametre intérieur est de quatre pouces; on introduit les boulons de fer rouge par cette ouverture, & lorsqu'il est question de les remplacer par d'autres, on les pousse avec un ringard, pour les faire sortir par l'ouverture opposée. C'est sur ce cylindre de fer que repose la planche ou manchon de cuivre.

EE. Madriers de cuivre, l'un soutenant l'axe du cylindre de fer C, l'autre pressant sur l'axe du cylindre de bois F, au moyen des supports II, qui entrent dans l'écrou G, & passent à travers le madrier E. A leur extrémité est passée une bride L, qui est retenue par des clefs *ii*, pour suspendre le cylindre F.

La vis V, suspendue sur la platine *p*, & la double équerre qui passe dans la traverse AA, & qui est arrêtée au dessus par des clefs *mn*, tourne sur elle-même, au moyen d'un levier passé en *l*, & fait descendre l'écrou, ses supports & le madrier, qui presse le tourillon de l'axe du cylindre qui y est suspendu.

Le mouvement est composé de trois roues de fer & de trois lanternes. La premiere roue H a trois pieds de diametre, & quarante dents ou divisions. La seconde roue N a deux pieds quatre pouces, & trente-six dents. La troisieme O a deux pieds de diametre, & trente-deux dents. La lanterne de la roue N a huit fuseaux. La seconde, celle de la roue O, en a six; & la troisieme, qui correspond immédiatement à la manivelle, a cinq fuseaux. Ces roues sont montées de suite sur la charpente P.

QQQ. Sont des pieces de bois verticales, appuyées de haut & de bas, pour tenir ferme la charpente.

R. Baquet ou cuve d'eau pour rafraîchir la planche; on la change dès qu'elle s'échauffe.

T. Rouleau de bois sur lequel est la piece d'étoffe avant d'être imprimée, & d'où elle part, en se déroulant à mesure, pour passer entre les deux cylindres, y recevoir l'impression, & s'aller enrouler incontinent sur l'essignolle ou tourniquet U, qui la soutient haut d'une part, comme elle l'est de l'autre sur le rouleau T, & laisse également aux Ouvriers la liberté d'agir en dessous.

L'écrou G & les madriers EE sont à coulisse dans les montans XX, dont l'un est brisé à la charniere Y, pour y introduire ou en retirer les cylindres.

Z. Supports de la planche de cuivre; ce sont de larges & fortes lames de fer, qui tiennent la planche ferme, qui la maintiennent dans sa direction, par le frottement uniforme, & adouci par l'huile, du cercle aminci *bb*, qui en garnit le bord.

La maniere de gauffrer au cylindre, autrement qu'avec la planche d'impression, differe en ce que le cylindre même dans lequel on met les boulons de fer rouge, est en cuivre, & porte le dessin gravé, qui s'imprime sans couleur sur l'étoffe; en ce que ce cylindre, beaucoup plus épais & plus profondément gravé que la planche, est interposé entre deux autres cylindres de bois, l'un en dessus & l'autre en dessous; enfin en ce qu'on peut cylindrer deux pieces à la fois. On pourroit gauffrer ainsi beaucoup de pieces de velours d'Utrecht, de moquettes, de pannes ou d'autres étoffes, dans un jour, mais avec la forte pression & le haut degré de chaleur dont nous avons parlé précédemment. Il faut encore un mouvement lent, tel qu'en travaillant douze heures, on ne gauffre que quatre pieces en dessus & quatre pieces en dessous, huit pieces en tout par jour.

Surpris de l'immense quantité de charbon que consommoit le fourneau à chauffer les boulons de fer à introduire dans le cylindre d'impression; peiné du travail continuel & très-fatigant pour ses Ouvriers, de les tirer de ce brasier ardent, de les substituer aux précédens, & les précédens à ceux-ci; mécontent des irrégularités qui résultoient dans les opérations des divers degrés de chaleur, M. Flesselle, toujours bouillant de perfectionner les Arts qu'il exerce, depuis le rapport & l'approbation de la description de celui-ci, a imaginé d'établir le feu à chauffer le cylindre tournant, dans le cylindre même, sur une grille soutenue & rendue immobile (voyez *planche VI*, *Fig.* 1 & 2, & son explication, où j'ai joint celle du mouvement simplifié, & également nouvellement inventé) : il en résulte un feu plus égal, facile à entretenir, au moyen de quelques morceaux de bois qu'on y jette de temps en temps, & une économie des deux tiers sur la matiere; c'est-à-dire, que si la dépense à cet égard se montoit à 4 livres 10 sous par jour, elle est, au moyen de cette invention, réduite à 30 sous.

Planche VI.

Fig. 1. Cette mécanique ne differe de la précédente, qu'en ce que le fourneau est placé dans l'intérieur du cylindre, & qu'au lieu des boulons rouges, employés à l'échauffer, on entretient un feu de bois sur la grille A, soutenue à deux pouces au dessus de la surface intérieure du cylindre, arrêtée & rendue fixe par la barre BB, qui fléchit circulairement en OO. Il n'existe pas un semblable appui à l'autre extrémité; la partie extérieure du cylindre, d'un moindre diametre que celui qu'il conserve d'ailleurs dans toute son étendue, servant d'axe à la grande roue du mouvement, formant tuyau, & s'enchâssant dans un autre tuyau, ne le permet pas : la grille est soutenue, dans cette partie, par deux roulettes de cuivre, posant au fond du cylindre, comme les deux OO qu'on voit à son entrée, & qui y font le même office. Ces quatre supports, sur le cylindre tournant, y maintiennent la grille dans sa même assiette : l'égalité de frottement aux deux bouts, fait qu'elle n'est pas plus entraînée d'une part que de l'autre, lorsque le cylindre tourne, & la garantit de se tordre. Ce cylindre E a neuf pouces & demi de diametre en dedans, trois quarts de pouce d'épaisseur, & un demi-pouce en sus, où s'en fait l'appui, entre les madriers.

LL. Chassis ou cadre en fer, sur lequel est replié le plomb dont est doublé le bassin MN, rempli d'eau.

Fig. 2. La partie O, où s'encastre la roue F, est d'un diametre beaucoup moindre que celui des précédentes parties, puisqu'il n'a, en dedans, que six pouces un quart. Prolongée de six pouces au delà du centre de la roue, cette partie est le tuyau du fourneau, qui tourne & se continue dans un tuyau C de tôle de huit pouces de diametre, fixé d'abord par un soutien en fer, à la partie où il se coude, puis attaché au bâti qui recelle & garantit du volant D. Cette partie O, extérieure du cylindre où le feu est établi, & lui servant de tuyau, est en même temps l'axe ou le moyeu de cette derniere roue, & en reçoit le mouvement : la coupe de face de ces deux parties, est une figure de périmetre rectiligne, pentagonale, exagonale ou autre, pour qu'elles ne tournent pas l'une dans l'autre, mais exactement ensemble. Tout le mouvement est en fer. La manivelle M fait agir la vis sans fin V; celle-ci s'engraine dans la roue G, de dix-huit pouces de diametre, & divisée en quarante-quatre dents. Son axe est le même que celui de la lanterne L de dix fuseaux : cette lanterne fait mouvoir la roue F, de vingt-huit pouces de diametre, & de quarante-huit dents.

On observe que le travail de l'Ouvrier appliqué à la manivelle, pourroit être adouci, en augmentant le diametre de la grande roue : on y va procéder, avec l'attention d'en proportionner le mouvement au besoin.

SSS. Soutien, & de l'axe de la vis sans fin, & de celui de la premiere roue & de sa lanterne.

P. Cylindre de bois.

R. Planche de cuivre gravée, roulée & posée sur le cylindre de fonte.

De la Fabrication des Pannes ou Peluches, des Velours façon d'Utrecht, & des Moquettes.

Comme toutes ces Etoffes sont les plus assujetties à l'impression ou au gauffrage, il ne m'a pas paru hors de place d'en indiquer la fabrication & la préparation à la suite de cet Art.

Des Pannes ou Peluches.

LA Panne est une étoffe veloutée à chaîne & trame de laine, & veloutée en poil de chevre : on en fait de diverses qualités & sous différentes dénominations : on en expédie beaucoup à Cadix pour être envoyées aux Indes Espagnoles, à la Vera-Cruz, ou à la mer du Sud, imprimées en plus grande partie, ou teintes principalement en couleurs écarlate, cramoisi & bleu.

La laine dont cette étoffe est composée est ordinairement du cru de la Province de Picardie, où elle se fabrique, ou des environs ; elle s'achete filée, au marché, & on la choisit relativement à la qualité & à la finesse, convenablement à ce qu'exige de ces conditions l'étoffe qu'on se propose de faire. Le poil de chevre nous vient tout filé du Levant, par la voie de Marseille.

Panne renforcée.

La Panne, dite renforcée, premiere qualité, veut un fil de chaîne de 4 livres à 4 livres 5 sous la livres : il en faut de 6 à 7 liv., plus ou moins, suivant le degré de finesse, pour une chaîne de quarante-quatre à quarante-cinq aunes, qui donne à la fabrication d'une aune à deux aunes de plus d'étoffe, ce qui dépend de la trame, qui diminue la longueur de la chaîne à proportion de sa grosseur, de maniere que, dans les Pannes communes, il n'y a pas d'aunage d'étoffe excédant celui de la chaîne : l'extension de celle-ci, acquise par le travail, devient nulle. Il faut doubler ce fil, le retordre, & l'ourdir sur une largeur de peigne ou de ros de vingt-deux à vingt-trois pouces, en trente-une portées, ou soixante-deux demi-portées de vingt-quatre ou douze fils, ce qui en porte le nombre total à sept cent quarante-quatre. On met moins de fil par portée, lorsque la matiere, plus commune, est filée plus gros, lorsqu'on ne tend qu'à faire des Pannes de qualité inférieure.

La chaîne de poil pour le velouté est également doublée, ourdie sur la même largeur, aux lisieres près, qui sont composées chacune de demi-portée, & en quinze portées, ou trente demi-portées de vingt-quatre ou douze fils ; ce qui fait trois cent soixante fils.

Le prix du poil employé dans les Pannes varie beaucoup, suivant sa beauté, sa finesse, de six à sept livres la livre. Il en entre aussi plus ou moins, de 17 à 18 livres dans une piece de quarante-cinq à quarante-six aunes, ce qui dépend, & de sa finesse propre, & de celle de la trame, & de la quantité de verges qu'on met au pouce ; & il en entre depuis trente jusqu'à trente-cinq. On fait des Pannes qui n'ont que douze verges au pouce, d'autres qui en ont jusqu'à cinquante ; & enfin de la hauteur de ces verges.

La trame est de deux sortes, & cette étoffe se fabrique à deux navettes. La premiere trame, celle qui fait le fond de l'étoffe, est du prix de 50 sous à 3 liv. la livre : il en faut de huit livres & demie à neuf livres. Elle ne doit être ni trop torse à la filature, ni trop molle ; mais il faut qu'elle ait une bonne consistance : on l'emploie en simple & mouillée. La seconde trame doit être beaucoup plus fine : elle coute un prix double de celui de la premiere ; il en faut environ cinq livres par piece : elle s'emploie également simple & mouillée.

On passe la chaîne de fond dans quatre lames : on pourroit ne la passer que dans deux ; mais il y a moins de frottement de cette maniere, & les fils sont passés alternativement dans la premiere & la troisieme, & dans la deuxieme & la quatrieme, de façon que la même marche fait toujours lever ou baisser à la fois deux des quatre lames, & moitié de la chaîne par conséquent.

La chaîne de poil, également passée & alternée dans les lames de la chaîne de fond, est encore passée dans deux lames qui sont en avant, les plus proches de la chasse, qui levent toujours à la fois au moyen d'une seule marche.

Le métier est du genre de ceux de la petite navette, décrits dans l'Art des étoffes rases, &c. le jeu correspondant des marches aux lames, de dessous en dessus, & réciproquement, se fait par côté. Ce métier est incliné comme les précedens, uniquement par habitude, & nullement que cette situation soit fondée en principe, puisqu'il ne l'est pas pour les Velours de soie, pour les Velours de coton, d'un travail aussi dur, ni pour les Moquettes, plus dur encore que celui de la Panne.

Il y a trois fils en broche, deux de la chaîne de fond, & un de celle de poil, & le ros est d'acier.

En foulant la marche 1, on fait lever moitié de la chaîne de fond, & passer en dessous toute celle de poil : on lance la grosse trame ; on frappe en croisant la chaîne de fond par la marche 2, & toute la chaîne de poil passe en dessus. On lance une duite de la trame fine ; on refoule la premiere marche 3, & on lance la seconde duite de la même trame. On foule enfin la troisieme marche 4, qui fait lever toute la chaîne de poil seulement : on passe la verge ; on refoule la premiere marche 5, & l'on ramene la grosse trame sur le dernier pas de la chaîne de fond. Et ainsi de suite, la 2, 6 : 1, 7 : 3, 8 (*Planche 6, Fig. 1 des marches.*).

Quand la deuxieme ou derniere verge est arrêtée par la croisure, on coupe le poil sur la précédente ; & ainsi, de maniere que la grosse trame est toujours passée la premiere après l'interposition de la verge, la premiere par conséquent qui arrête le poil, & celle qui soutient & fait le fond de l'étoffe.

A mesure qu'on travaille, on humecte la chaîne de poil, sur son ensuple même, avec du petit lait. Les Ouvriers font de trois quarts d'aune à une aune, & quelquefois une aune & demie de bonne Panne renforcée par jour : on la leur paye de 20 à 22 sous l'aune ; ainsi ils gagnent de 15 à 30 sous, mais communément 20 sous, & ces Pannes se vendent actuellement de 5 liv. 10 sous à 7 liv. l'aune.

On *temple* cette étoffe en dessous, & ainsi de toutes les étoffes veloutées.

Pannes sur soie.

On fait des Pannes de qualité supérieure à celle

des Pannes renforcées, qu'on nomme Pannes sur soie. La chaîne de ces dernieres est de la même qualité que celle des plus belles renforcées ; mais on y ajoute une soie écrue, organcinée, dite de Piémont, à chaque fil, ce qui, avec les deux fils de Laine, fait trois fils, qu'on retord également ensemble. On choisit le poil pour la chaîne du velouté, & les trames plus fines. Du reste on les travaille absolument de même. Ces soies se vendent de 45 à 48 liv. la livre : il en entre environ un quart de livre par piece de Panne, pour la valeur de 11 à 12 liv.

On paye la façon à l'Ouvrier, sur le pied de 26 à 28 sous l'aune ; & l'étoffe se vend de 8 à 9 liv. On en fait quelquefois du prix de 15 liv. l'aune, mais c'est rare.

Petite renforcée.

On fait beaucoup plus : on fait même une grande quantité de Pannes plus communes, plus légeres que les renforcées, qu'on nomme petites renforcées, dont les basses qualités ont remplacé l'espece connue dans le commerce sous le nom de vingt verges. Elles se font toutes de la même maniere, mais dans un compte plus bas, avec des matieres plus communes : & lorsqu'il entre de trente à trente-cinq verges au pouce dans les belles renforcées, qu'on en met dans les Pannes sur soie de quarante à quarante-cinq, & jusqu'à cinquante, on fait de celles-ci en douze, en quinze, en vingt & vingt-cinq verges. Les Ouvriers en font deux aunes, deux aunes & demie par jour. La différence de leur salaire provient plutôt de leur activité, de leur ardeur & de leur industrie, que de la nature du travail qu'ils font. Toutes choses égales, quelle que espece de travail qu'ils fassent, ils ne gagnent guere, ni plus, ni moins, environ 20 sous par jour : c'est le taux commun des journées dans ce pays. Il est des hommes faits qui ne gagnent pas 15 sous. J'en ai vu qui en gagnoient 50 ; & il en sera toujours & par-tout de même.

Les *Pannes petites renforcées* se vendent de 3 liv. 10 sous à 5 liv. l'aune. On imprime la plus grande partie des basses qualités.

Court Poil.

La Panne *court poil* est une Panne fine, renforcée, quant à la chaîne & à la trame : il n'en seroit que mieux si la trame étoit plus fine encore. Elle differe dans la marche, en ce que la chaîne de poil, également passée dans les deux lames de devant, ne se leve & ne se coupe qu'alternativement, & qu'ainsi, il faut une marche de plus pour lui donner ces deux mouvemens séparément. On ne coupe donc que la moitié de la chaîne de poil sur chaque verge ; on passe la forte duite ; on fait la croisure ; on passe une duite fine ; on recroise par la premiere marche ; on leve la seconde moitié de la chaîne, & l'on place une nouvelle verge. C'est la même marche qu'au Velours d'Utrecht, qu'on donnera ci-après, avec la différence qu'on met ici trois duites entre chaque verge, & qu'on n'en passe que deux au Velours d'Utrecht.

On ne coupe le poil à cette sorte de Panne, que lorsqu'on a passé une troisieme verge, au lieu de le couper à la seconde, comme aux précédentes, par la raison que la chaîne de poil étant divisée, la derniere division ne seroit que foiblement retenue par la seconde verge ; elle risqueroit de s'échapper. Cependant, lorsque la Panne est fine & bien tissée, on pourroit la couper à deux verges.

Long Poil.

On fait une cinquieme espece de Panne dite long poil, plus commune que toutes les autres, & qui ne s'emploie qu'en doublures. La chaîne de celle-ci devroit être dans le même compte que les autres ; mais, eu égard à la qualité de la matiere plus commune, & à la filature plus grossiere, on en rabat toujours plus ou moins. On ne met dans la chaîne de poil que le quart du nombre des fils de la chaîne de fond, de maniere qu'il n'y a de passé dans le ros que deux & trois fils en broche, alternativement.

La verge est beaucoup plus haute au long poil, qu'au court poil, du double, du triple : elle est de quatre, cinq, six fois plus haute qu'à la Panne renforcée. On passe cinq duites entre chaque verge : la premiere plus forte & mouillée : les quatre suivantes, seches.

Pannes à côtes.

Depuis quelque temps, on a imaginé & très-bien réussi à faire des Pannes à côtes, pour imiter les Velours de coton cannelés. On ourdit la chaîne de poil en nombre de fils ; on la monte, on la passe dans les lames & dans le ros, avec des distances proportionnées à la cannelure qu'on veut former. La chaîne de fond est la même, dans les parties où il doit y avoir du velouté, que celle des Pannes renforcées ; mais on ajoute dans les intervalles, dans le vuide du poil, un troisieme fil en broche ; & tous ces fils d'addition sont passés dans une cinquieme lame de fond, qu'on fait jouer par une quatrieme marche.

Quand on foule celle-ci, les fils ajoutés se levent tous avec la moitié de la chaîne de fond ; alors on lance une trame double, au lieu de la grosse trame dans les Pannes unies ; mais telle, que le volume de la trame doublée soit égal à celui de la grosse trame : ce qui lie, cordonne mieux, & donne un grain plus fin. On continue sur deux autres pas, deux autres duites, les fils ajoutés se reprenant avec ceux du fond, pour recroiser avec eux. Ce moyen de passer les fils, & de marcher l'étoffe, soutient beaucoup mieux le poil : il s'échappoit avant qu'on eût imaginé cette marche.

Comme cette étoffe est pour habit d'homme, il est essentiel que les matieres en soient fines, bien assorties, & qu'elles soient employées avec propreté & intelligence. Les couleurs en sont plus solides & plus éclatantes que sur le Velours de coton ; mais l'étoffe ne sauroit avoir la même douceur.

Panne Laine.

Il se fait aussi des Pannes ou Peluches, chaîne, trame & velouté en Laine : elles ne different des Pannes renforcées, que par la matiere du velouté, par la qualité des autres, celles-ci étant plus communes, & enfin par le nombre des fils en chaîne, qu'on diminue de quatre, & quelquefois de six par portée, ne les faisant que de dix-huit ou vingt fils. Le prix du fil de la chaîne de fond, est de 50 à 55 sous la livre : celui de la chaîne de poil, d'environ 3 liv. & celui des différentes trames en proportion. On y emploie des *verges* plus hautes qu'à la Panne renforcée. Cette étoffe bien fabriquée, est d'un très-bon usage ; mais elle n'a pas de lustre comme la *Panne poil* : la Laine ne réflechit pas les couleurs avec éclat, comme le poil de chevre ; c'est la raison sans doute pour laquelle on en imprime fort peu. On en paye 10 à 12 sous par aune de façon à l'Ouvrier ; & elle se vend de 3 à 4 liv. l'aune. Les pieces tirent de cinquante à cinquante-cinq aunes.

Panne ciselée.

Toutes les especes précédentes de Pannes se font

en unis, & n'exigent que deux ensouples de chaînes, celle du fond, qui est un peu élevée sur le derriere, de façon que la chaîne forme un plan incliné en avant. Le métier est à peu près carré, sur environ quatre pieds; & l'inclinaison de cette premiere chaîne est de six, huit, dix, douze pouces sur sa longueur : & la chaîne de poil ou de velouté, qui est pardessus la premiere, forme par conséquent une inclinaison beaucoup plus grande.

On a fait de ces Pannes Laine à petits dessins, imités des malbourougs, des silésies & d'autres petites étoffes semblables; mais il est uniquement formé dans ces Pannes par le velouté; & le fond est le même que dans les Pannes précédentes; il se travaille également au moyen des deux premieres marches.

Ces dessins sont plus ou moins étendus, plus ou moins compliqués, & demandent un nombre proportionné de lames & de marches, & autant d'ensouples de poil qu'il y a de marches pour cette matiere. Il est des dessins pour lesquels il en faut cinq & six de l'une & de l'autre. Toutes ces ensouples se mettent les unes au dessus des autres, sur divers plans verticaux cependant, si l'on veut, les unes plus, les autres moins rapprochés, en dehors ou en dedans des piliers du métier.

Cette Panne en Laine, à raison de son dessin, formé par le velouté, se nomme Panne ciselée. Les matieres qu'on y emploie sont plus communes encore que celles de la Panne Laine unie, dans les prix, chaîne, poil & trame, de 43, 45, à 48 sous la livre. On fait les pieces de la même longueur que les précédentes, de cinquante à cinquante-cinq aunes; & l'on vend l'étoffe de 40 à 45 sous l'aune.

Panne à la tire.

On fait aussi des Pannes Laine à grands dessins suivis, à la tire : elles sont fort belles, & l'étoffe est très-meublante; on en fait des vestes sur des dessins levés d'autres vestes de fabrique de Lyon. Mais le travail en augmente le prix, dans une proportion trop au dessus de celui de la matiere : & le luxe n'y trouvant pas son compte, eu égard à la dépense, cette partie est restée foible; il s'en fabrique peu.

Outils & Ustensiles propres à fabriquer les Pannes.

Les verges & le couteau sont les seuls instrumens à ajouter à ceux nécessaires pour la fabrication de toute autre étoffe. Les verges sont de cuivre jaune, fines, plus ou moins pour la Panne ordinaire, presque cylindriques, & un peu applaties seulement d'un côté pour recevoir la rainure. On les place sous le poil, sans égard au côté où se trouve cette rainure, qui commence à la courbure de la verge qui est à l'un des bouts, & qui continue jusqu'à l'autre bout. Ce n'est qu'après avoir marché, fermé & rouvert le pas suivant, qu'on la saisit par le bout recourbé, qui est toujours sur la gauche, le même par où l'on met & par où l'on retire les verges, par où enfin l'on commence à couper le poil, toujours de gauche à droite : ce n'est qu'alors, dis-je, qu'on la tourne de maniere que la rainure soit en dessus.

On tire ces verges de Tournay ou de Lille. Un seul particulier à Amiens, que je sache, les fabrique, & ce n'est que pour son usage. La difficulté cependant ne consiste qu'à faire passer le fil de laiton dans une filiere, qui lui donne la forme qu'on desire, & qui fait la rainure en même temps.

On vend ces verges dans la fabrique, en revente aux Ouvriers qui les emploient, 2 sous 6 deniers la paire; & les trois, pour les Pannes ciselées, coutent 4 sous. On en use communément deux paires par piece de Panne, soit qu'elles cassent à l'endroit de la courbure, en les tournant & retournant, soit que le couteau les perce à fond, & toujours plutôt près du point de la courbure, où, commençant à couper, c'est l'instant qu'on appuie davantage.

Les verges pour les courts poils sont beaucoup plus hautes; & plus encore celles pour les longs poils : elles coutent à proportion, & durent très-long-temps. Elles sont plates, & formées presque en coin; la rainure sur la partie évasée, & le côté opposé très-mince, pour que les duites se rapprochent davantage. C'est sur ce côté mince, appuyé immédiatement sur les fils de la chaîne de fond, que se coulent les duites les unes à la suite des autres, & que les dents du ros les serrent.

Les couteaux sont les mêmes que pour toutes les sortes d'étoffes veloutées, d'une meilleure ou d'une moins bonne trempe. Ceux dont on se sert pour les Pannes, les Velours d'Utrecht, les Moquettes, &c. se fabriquent à Amiens. On les vend de 24 à 30 sous la douzaine, non compris la monture, qui dure sans fin, & qui peut user des milliers de lames, puisque celles-ci ne coupent guere que deux pieces de Panne les unes dans les autres.

Apprêts des Pannes ou Peluches poil.

Après la fabrication des Pannes, avant tout autre apprêt, elles doivent être débouillies. La maniere de faire cette opération sur la Panne, differe, à quelques égards, de celle sur les autres étoffes; il est bon de la décrire à part. On jette les Pannes dans une chaudiere d'eau bouillante : on les y laisse tremper jusqu'à ce qu'elles soient penétrées, & parfaitement imbibées par-tout : on les dépose dans un baquet placé à l'extrémité d'un corroi : on les roule fortement toutes mouillées; & pendant cette opération, deux Ouvriers avec de fortes brosses, en relevent le poil, d'abord contre le rouleau, puis le couchent du côté opposé, afin que, saisi par la pression du rouleau, il se tienne tout & toujours couché dans la même direction.

Lorsqu'on faisoit tout uniment débouillir & corroyer cette étoffe comme les autres, il en résultoit beaucoup de directions, des divergeances dans le poil, qui ondoyoient & réfléchissoient diversement les couleurs; ce qui étant très-irrégulier, & donnant des changeans, sur-tout aux coutures, devenoit désagréable au coup d'œil.

Je pense qu'on pourroit, au lieu de deux Ouvriers employés à cette manipulation, n'en employer qu'un pour relever le poil en avant, & adapter une brosse au corroi, ou mieux peut-être une lame de fer à tranchant non acéré, placée très-près de la partie de l'étoffe qui s'enroule, inclinée en arriere, raclant le poil, le relevant, & le tenant couché en arriere jusqu'à ce que, saisi par la pression, il ne pût plus changer de direction : peut-être même pourroit-on éviter les deux Ouvriers par telle interposition d'une premiere ou seconde brosse.

Les pieces ainsi roulées, on les fait bouillir comme les autres étoffes, sur le rouleau posé verticalement dans la chaudiere, pendant deux heures. On appelle dans la fabrique cette façon de bouillir, *bouillir à la grecque*. On les laisse refroidir sur le rouleau, & on les porte en teinture.

Après la teinture, on fait dégorger & reviquer les Pannes; & on les remet au Tondeur, qui les fait sécher, & les tond avec les mêmes outils, & suivant les mêmes procédés que pour les draps.

On les corroie ensuite à chaud; & c'est le dernier apprêt pour les bonnes qualités. Les Pannes pour l'impression se font tout simplement bouillir, teindre, sécher & imprimer. A l'égard des basses qualités qu'on met en couleur, depuis quelque temps on les fait presser, ce qui en couche & plaque le poil ; procédé contraire à toute étoffe velouté.

Il n'en seroit que mieux de tondre les Pannes Laine, tant les unies, que les ciselées : on ne le fait pas par économie, parce que leur bas prix arrête sur cette opération. On ne sauroit le faire au long poil, ni même au court poil, quand la verge en est très-haute.

Des Velours façon d'Utrecht.

Le Velours d'Utrecht est proprement une Panne court poil, à chaîne & trame de fil, & velouté de poil de chevre. Sa destination est pour meubles, doublures de voitures, &c. uni en couleur, rayé, gauffré, ou imprimé.

La chaîne du Velours d'Utrecht est composée d'un bon fil de lin, qui, acheté en écru, coute de 30 à 35 sous la livre, & il en faut environ cinq livres, qu'on distribue en cinq cents, six cents, ou sept cents fils, & quelquefois davantage; mais ordinairement en six cents, sur une largeur de vingt-deux à vingt-trois pouces, pour former une étoffe de demi-aune, non compris les lisieres. On met ces fils en simple; & le nombre de broches au peigne est égal à celui de la chaîne de fond, n'y ayant qu'un fil en dent de cette chaîne.

Le poil pour les chaînes de velouté, au nombre de deux, est doublé & retors. Le nombre total de fils de ces deux chaînes est egal à celui des fils de la chaîne de fond, à celui des broches, les lisieres toujours à part ; ainsi, y compris ceux-ci, il y a en tout deux fils en dent.

Il entre environ seize livres de poil, du prix de 6 liv. 5 sous à 6 liv. 10 sous la livre dans une chaîne de six cents, qui doit fournir une piece de Velours de trente aunes.

Le fil de trame est plus fin que celui de chaîne ; il coute de 40 à 45 sous la livre ; & il en faut environ six livres pour une piece.

La chaîne de fond est passée & alternée dans deux lames, mues chacune par une marche. Les deux chaînes de poil sont également passées dans ces deux lames, & en même temps, l'une dans une troisieme, & l'autre dans une quatrieme lame, qui ont chacune leur marche séparée ; ainsi l'armure du métier est composée de quatre lames & de quatre marches (*Planche 6, Fig. 2 des marches*).

Quand on marche 1, on fait lever la moitié de la chaîne de fond & une chaîne de poil : on lance la duite. On doit toujours, comme à la Panne, frapper deux coups, un à pas ouvert, & l'autre à pas fermé. On conçoit que mieux l'étoffe est frappée, plus la trame se serre; plus il y a de verges au pouce, & plus l'étoffe est garnie de poil. Lorsqu'on marche 2, l'autre moitié de la chaîne de fond se leve, avec la seconde chaîne de poil : on lance une seconde duite. Marchez 3, la premiere chaîne de poil se leve seule : on passe la verge. On continue de marcher 2 ou 4, 1 ou 5, & 6 enfin, qui fait lever la seconde chaîne de poil seule. On passe encore une verge : on répete le marcher 1, 5 ou 7, & 2, 4 ou 8, & l'on revient à 3, pour passer à une troisieme verge. Ce n'est qu'après cette croisure du poil qu'on le coupe sur la premiere verge : on courroit le risque qu'il ne s'échappât en le coupant plutôt.

On voit qu'il n'y a ici que deux duites entre chaque verge, & qu'on ne coupe que la moitié du poil sur chacune. Cette maniere de couper le poil en deux temps, fait qu'il s'alterne dans la croisure, comme au court poil, & que l'étoffe, plissée sur sa largeur, ne raye pas, ne barre pas, ne sillonne pas. Le poil ne s'en sépare point en ligne directe, comme aux Velours de soie, de coton, aux Pannes ordinaires & aux Moquettes. Il faudroit pour faire produire cet effet au Velours d'Utrecht, le plisser diagonalement, ce qu'il est rare de voir produire naturellement, tandis que, sans plisser l'étoffe, mais en la considérant étendue, ces barres, raies ou côtes sont très-sensibles sur les Pannes, dont les trames communes tiennent les verges trop écartées les unes des autres.

Les verges employées à la fabrique des Velours d'Utrecht, sont du genre de celles des courts poils, un peu plus basses ordinairement. A l'égard de celles propres à la fabrication des Moquettes, dont on parlera ci-après, elles ne sont point arrondies comme celles d'usage pour la Panne ; elles sont taillées à angles, & forment à peu près un prisme quadrangulaire, un peu évasé du côté de la rainure ; aussi les place-t-on sur le champ à plat sur la chaîne de fond, dans la situation où elles doivent être lorsqu'on coupe le poil.

Les lisieres de l'étoffe ne sont point comprises dans le compte des fils de la chaîne du Velours : elles en contiennent chacune trente-quatre, passés dans dix-sept lisses, & dans huit broches, savoir, deux fils dans chaque lisse ; trois lisses, ou six fils dans la premiere dent, pour soutenir les efforts de la chasse, & le corps de l'étoffe ; & quatre fils dans chacune des sept dents suivantes.

On pare la chaîne de fond à mesure qu'on la déroule sur le métier, de la même maniere, & avec le même parement à la farine, dont on use pour la fabrication des toiles & des toileries. On humecte avec du petit lait, sur l'ensouple, celle de poil, comme aux Pannes ; & l'on mouille la trame dans l'eau commune.

Le métier est d'ailleurs sur les mêmes dimensions, également incliné de l'arriere en avant, & ayant aussi les marches fixes par derriere l'Ouvrier, comme les métiers de Pannes. Même navette, même temple, & même façon de templer en dessous.

Les Velours destinés pour couleur unie, bleu de Saxe, vert de Saxe, cramoisi, écarlate, &c. veulent une chaîne & une trame teintes en fil, en bleu de Roi, sur cuve. Ces fils se trouvent dans la Province, en Artois, dans les environs de Lille, & quelquefois en Bretagne.

Pour les Velours rayés, il faut teindre la chaîne de fond & celle de poil, & les ourdir conformément à la rayure. Il faut aussi employer des fils & du poil blanchi avant la fabrication, lorsqu'il y a des rayures blanches dans l'étoffe. A l'égard de ceux qu'on emploie, tant en chaîne qu'en trame, dans les Velours qui doivent être teints en couleurs claires, comme en citron, jaune & autres, ou imprimés, il faut qu'ils soient également blanchis jusqu'à un certain point.

On les tire tels généralement de Lille, où ils s'achetent par masses d'environ deux livres & demie. On en distingue les qualités par le nombre des écheveaux : celui pour chaîne coute de 37 à 38 sous la livre ; & celui de la trame, de 48 à 50. Il en est de ce dernier qu'on paye jusqu'à 3 livres.

La façon de ces Velours se paye à l'Ouvrier à raison de 22 sous par aune, dans le compte en six cents fils, en couleur unie, & 26 sous en rayé.

L'apprêt de cette étoffe consiste à la laver en eau chaude, pour en ôter le parement ; à la teindre, si elle est dans le cas de l'être ; à la blanchir au soufre, comme les autres étoffes, si on la veut employer en blanc ; à la tondre comme les Pannes, à la gauffrer, ou à l'imprimer.

On

On vend ces Velours à la piece de trente aunes. Leur prix en blanc, pour employer ainsi ou pour imprimer, & en couleur basse, est d'environ 180 livres la piece: celui des couleurs hautes à la cochenille, d'environ 220 livres.

Des Moquettes.

La Moquette est une étoffe veloutée, à chaîne & trame de fil, comme au Velours d'Utrecht, mais plus commun : ce fil de lin ou de chanvre, écru & fort, le plus fort est le meilleur, velouté de laine plus ou moins commune. Elle est fabriquée en uni ou à dessin qu'on varie à l'infini, & dont on fait des meubles, entre autres des tapis de pieds pour les appartemens. Toutes celles-ci se font à la tire : je n'ai point pour objet d'en expliquer le mécanisme dans cette circonstance : ainsi il ne sera question que des Moquettes unies, soit qu'elles soient fabriquées rayées ou en blanc, pour être mises en teinture & gauffrées pour meubles, soit qu'elles soient fabriquées en fils écrus & laine ordinaire, pour être employées à couvrir la table des frises à friser ou ratiner les étoffes, ou à garnir la table des Tondeurs de draps & autres étoffes.

Ces dernieres Moquettes, qu'on nomme plus particuliérement tripes à gauffrer, tripes fortes, &c. se fabriquent sur la largeur de vingt pouces, en neuf cents ou mille fils de chaîne de fond, non compris les lisieres, qui en contiennent vingt-six chacune ; & quatre cent cinquante ou cinq cents fils de chaîne de poil, doublés & retors fortement. La chaîne de fond est alternée dans les lisses de deux lames; & celle de poil qui ne passe dans aucune maille de ces deux lames, est toute comprise dans une troisieme qui est en avant, du côté de la chasse. Les lisieres sont passées dans treize lisses & dans cinq broches; savoir, deux fils en dent pour la plus proche de l'étoffe, & six dans chacune des quatre autres. Le reste de la chaîne est à trois fils en dent, deux de la chaîne de fond, & un de celle de laine, qu'on nomme toujours *poil*, à cause du velouté qu'elle produit.

Cette étoffe est très-remplie de fils en chaîne, comme on voit, puisqu'elle en a le double du Velours d'Utrecht, eu égard à sa largeur : elle ne doit pas être moins serrée par la trame. Sa destination exige un poil dense, roide, & dont l'ensemble forme une surface douce, mais un corps ferme, fléchissant cependant, mais très-élastique, sur-tout dans l'usage de la frise, puisqu'elle supporte immédiatement l'étoffe à friser, & qu'elle la réagit continuellement contre la table, chargée de la composition, dont le trémoussement forme les boutons de la frise.

Pour opérer cette grande force, non seulement le métier est court, & la chaîne très-tendue : l'ensouple de celle du poil est en dedans même des piliers du métier, pour la rapprocher davantage du travail; mais les marches sont fixées sur le derriere du métier, au dessous des ensouples des chaînes, comme elles le font généralement dans les métiers de la toilerie ; au contraire de ceux pour la Panne & le Velours d'Utrecht ; & l'Ouvrier foule ces marches par le bout qui se releve en avant, ce qui est beaucoup plus dur, mais ce qui donne en même temps plus de force pour dégager un aussi grand nombre de fils grossiers, contenus dans un si petit espace. Indépendamment de cela, il y a les grandes & les petites contre-marches ou marchettes, pour faire monter l'une des lames, & descendre en même temps les autres

La marche de la Moquette est différente de celle de la Panne & de celle du Velours d'Utrecht : la voici (*Planche* 6, *Fig*. 3 *des marches*.) :

Marchez 1, la moitié de la chaîne de fond leve. Marchez 2, l'autre moitié de la chaîne leve, & tout le poil. Marchez 3, le poil seul leve; il ne se leve pas proprement, mais il se soutient haut, tandis que toute la chaîne de fond baisse : on passe alors la verge. La chaîne de poil se soutient toujours haute & tendue par un contre-poids suspendu sur le derriere de l'ensouple : elle ne baisse que par l'effort de la premiere lame attirée en en-bas.

On ne lance que deux duites entre chaque verge, partant d'abord du côté droit. Marchez 4. Le pas de deux se rouvre, & la duite se trouve lancée sur le pas précédent de la chaîne de fond, croisant seulement le poil, qui a été deux pas de suite en dessus, & qu'elle attire en dessous. Marchez 5, le poil revient dessus avec l'autre moitié de la chaîne de fond, celle du pas 1. Marchez 6, le poil releve seul : on passe la seconde verge. Remarchez 1, le dernier pas de chaîne se rouvre ; & voilà encore deux duites sur le même pas, la derniere arrêtant seulement le poil en dessous, & ainsi de suite.

Il est à observer qu'en ramenant la duite de gauche à droite sur le même pas de chaîne de fond, s'il ne se trouvoit pas un gros fil, ou plusieurs fils en masse du côté gauche, qui se leve & se baisse seul, au rebours des autres fils de la chaîne, pour soutenir le fil de la trame, elle ne seroit plus arrêtée que par le poil, & la lisiere de ce côté-là ne seroit pas soutenue; mais ce gros fil l'arrêtant, elle se trouve double dans les deux lisieres, ce qui, au contraire, les rend très-fortes; & le poil n'en est que plus rapproché, la trame n'ayant pas l'obstacle de la chaîne de fond, qui en modéreroit la pression.

Le fil de la chaîne & de la trame des Moquettes, à laines teintes ou à teindre en piece, doit se teindre avant la fabrication, comme ceux pour le Velours d'Utrecht. A l'égard de la chaîne de laine destinée à former le poil, les uns la travaillent toujours teinte; d'autres travaillent en blanc, & ne font teindre qu'en piece, lorsque c'est pour couleur unie, de même qu'au Velours d'Utrecht.

On pare la chaîne de fil; mais celle de poil, doublée & torse, n'a pas besoin d'être humectée. On fait les pieces de onze aunes, & on les vend de 30 à 33 livres.

EXTRAIT

DES REGISTRES

DE L'ACADÉMIE DES SCIENCES,

Du 13 Mars 1779.

MM. Duhamel, Fougeroux & Vandermonde, Commissaires nommés pour examiner deux Ouvrages de M. Roland de la Platiere, Inspecteur Général des Manufactures de Picardie, intitulés, l'un l'*Art du Fabricant d'Etoffes en Laines rases & seches, unies & croisées ;* l'autre, *l'Art de préparer & d'imprimer les Etoffes en Laines*, en ayant fait leur rapport, l'Académie a jugé ces Ouvrages dignes de son approbation, & d'être imprimés sous son Privilége, pour servir de suite à la Collection des Arts. En foi de quoi j'ai signé le présent Certificat. A Paris, ce 16 Mars 1779. LE MARQUIS DE CONDORCET, *Sec. Perp.*

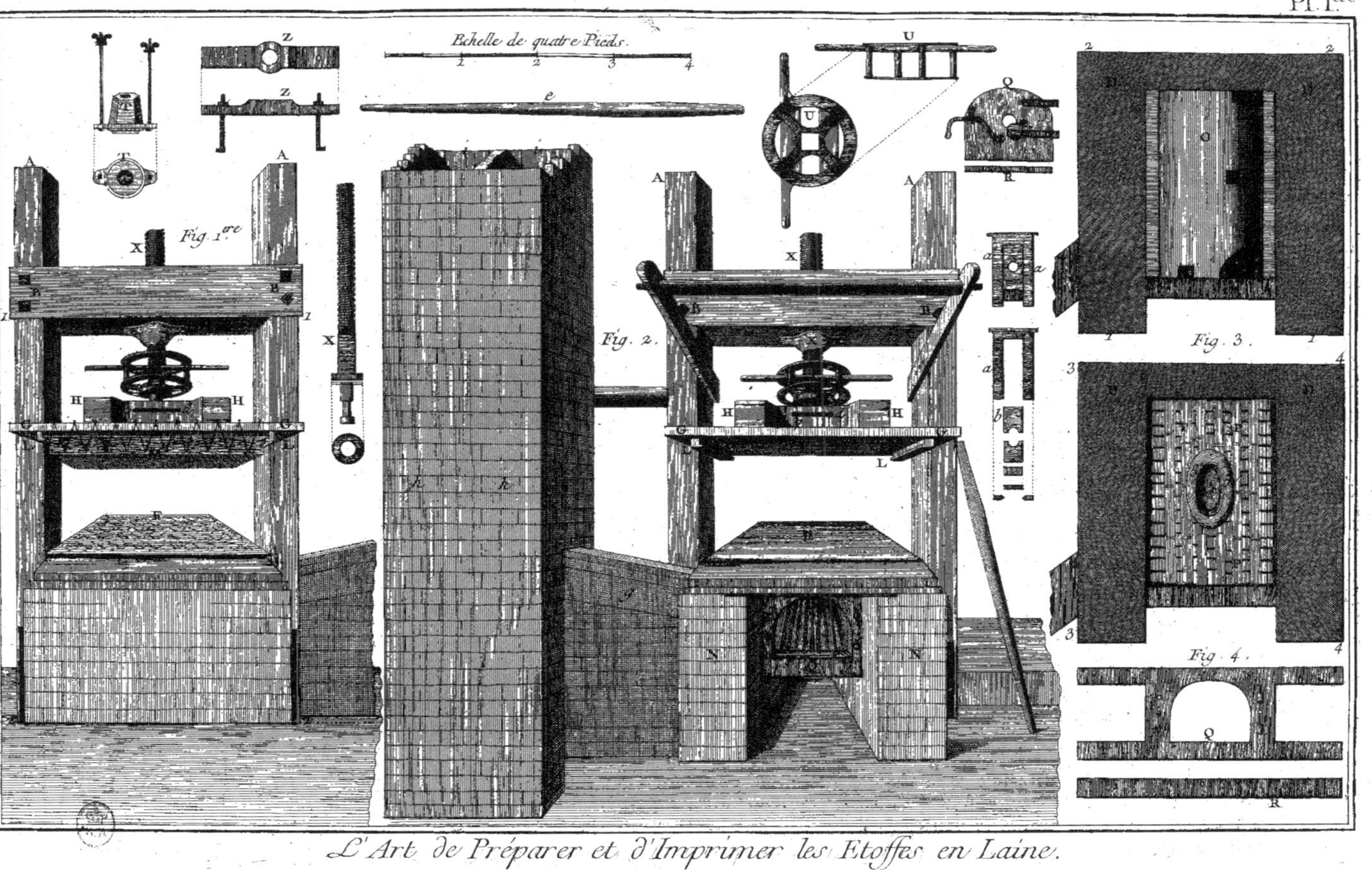

L'Art de Préparer et d'Imprimer les Etoffes en Laine.

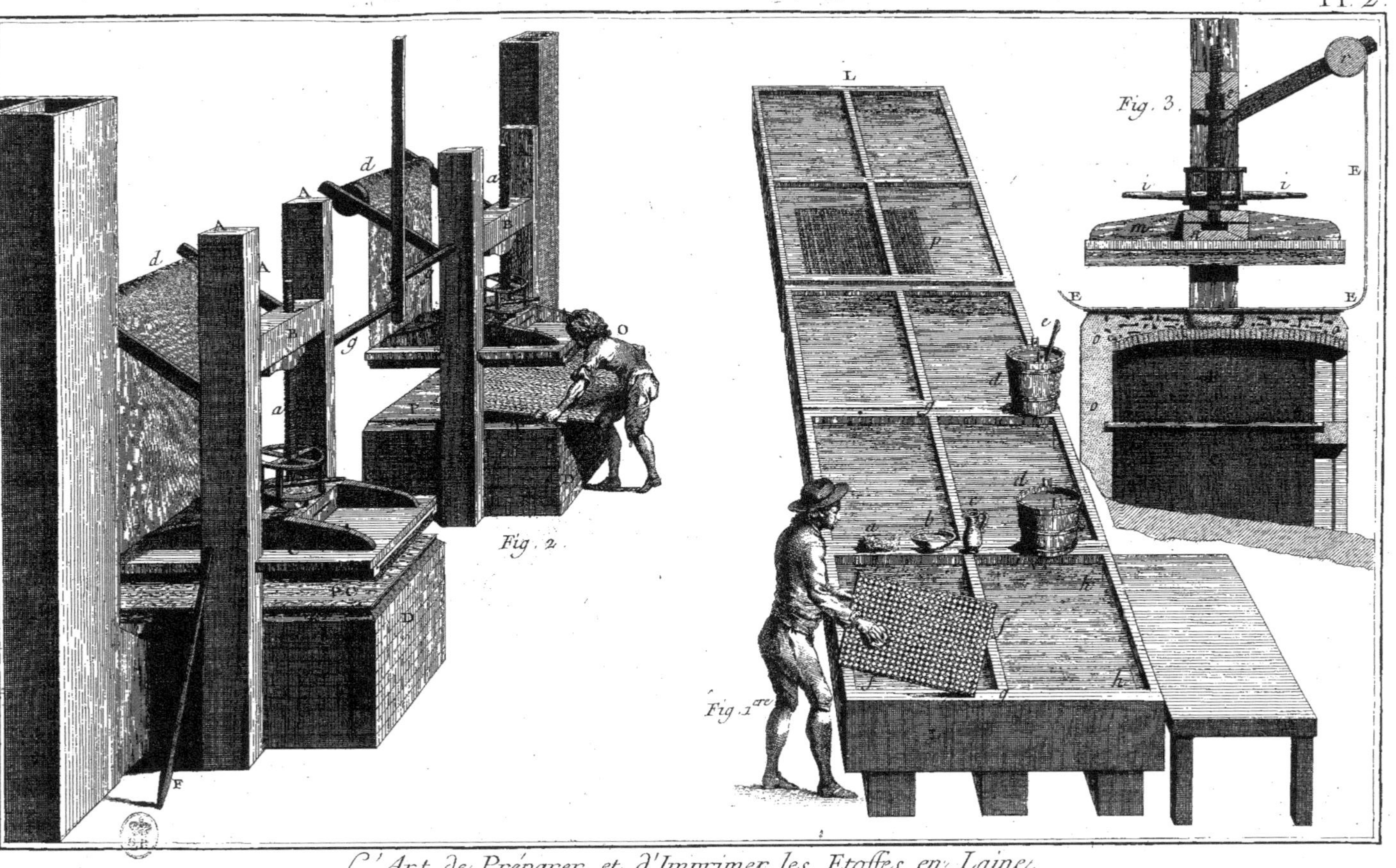

L'Art de Préparer et d'Imprimer les Etoffes en Laine.

L'Art de Préparer et d'Imprimer les Etoffes en Laine.

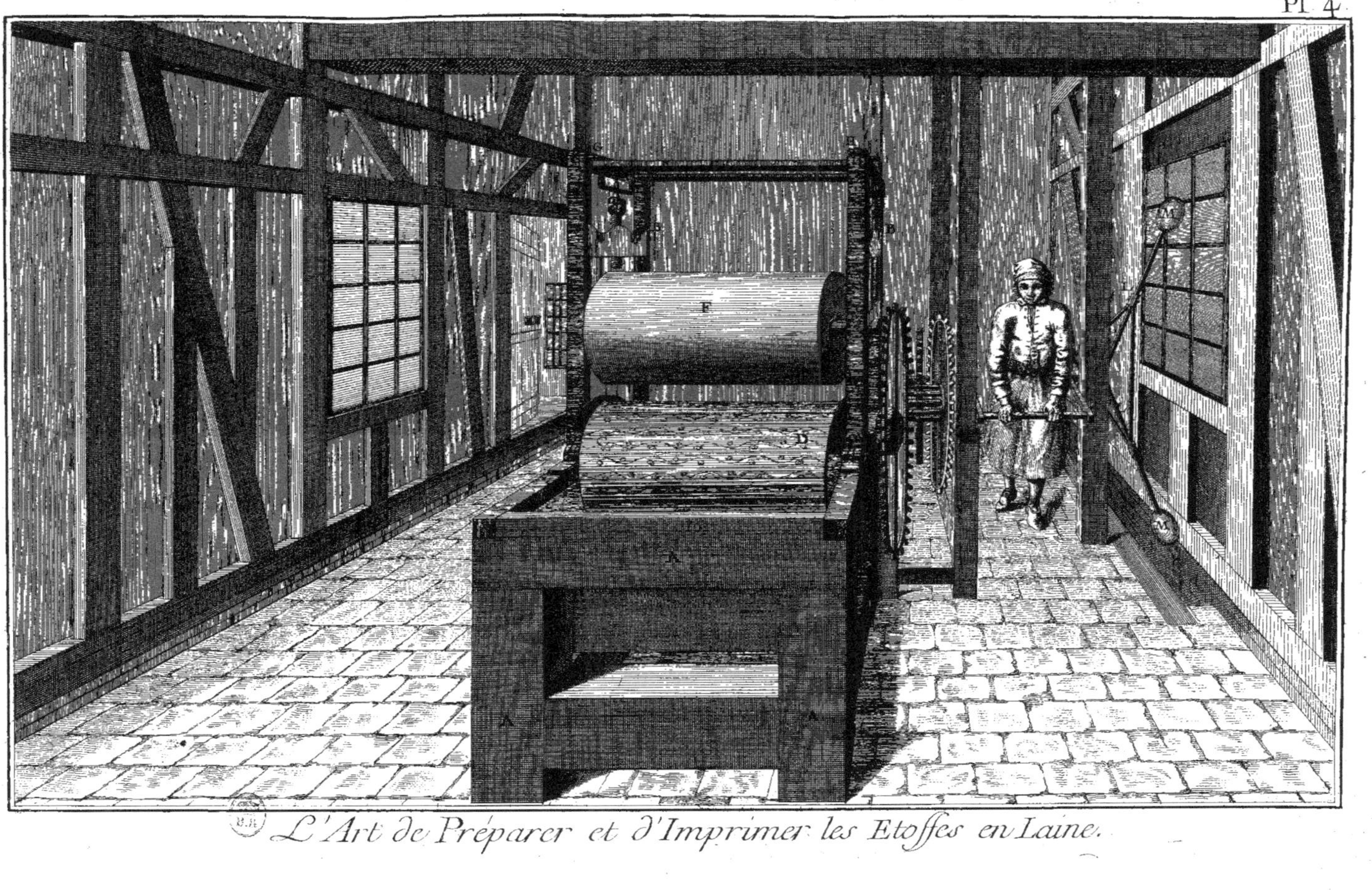

L'Art de Préparer et d'Imprimer les Etoffes en Laine.

L'Art de Préparer et d'Imprimer les Etoffes en Laine.

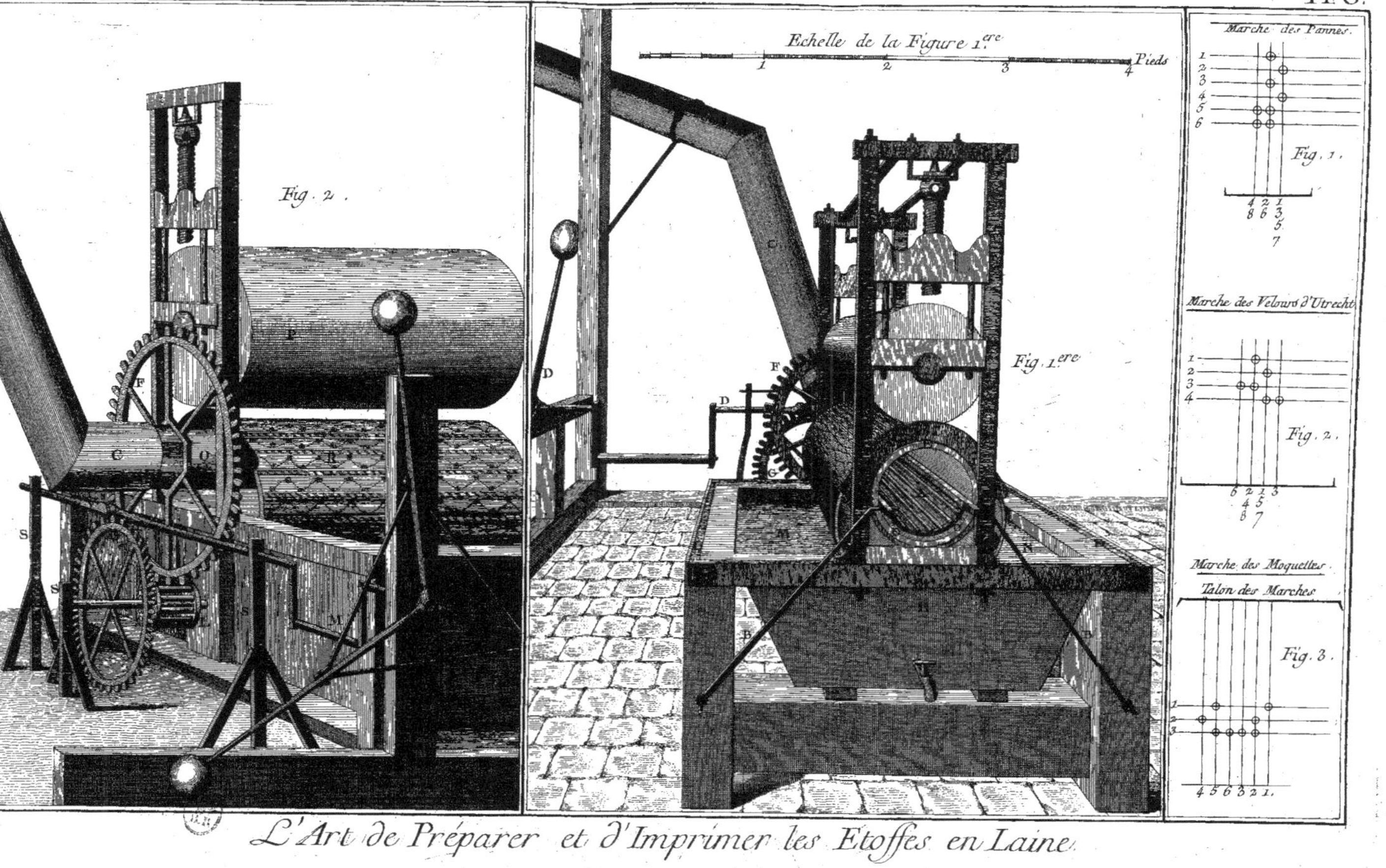

L'Art de Préparer et d'Imprimer les Etoffes en Laine.

www.ingramcontent.com/pod-product-compliance
Ingram Content Group UK Ltd.
Pitfield, Milton Keynes, MK11 3LW, UK
UKHW022154190726
13855UKWH00004B/1477